Kommt, lasst uns das Leben spielen

Auf einer wundersamen Reise durch das Leben fand ich das Tor zu einer Wahrheit, die ganz anders war, als ich es gelernt hatte

Jürgen Berus

Kommt, lasst uns das Leben spielen

Ich vergaß, dass ich mich auf dem Holodeck befand

Bibliographische Information
durch die Deutsche Bibliothek:

Die Deutsche Bibliothek verzeichnet diese Publikation in der Deutschen Nationalbibliographie; detaillierte bibliographische Daten sind im Internet über http://dnb.ddb.de abrufbar.

1. Auflage Februar 2016
Copyright © 2016 bei Jürgen Berus
Satz und Layout von Jürgen Berus
http://www.juergen-berus.de
Alle Rechte vorbehalten

Cover © by Yosita Ruangsawat

Illustratorin:

Yosita Ruangsawat * 22.08

Absolvierte ihr Bachelor Studium in „Zeitgenössische Kunst "(Visual Communication Design) an der „**Silpakorn University**" in Bangkok, Thailand im Jahr 2013.

http://www.yoyosita.portfoliobox.me
http://www.wix.com/monkeyohoho/yositaho

ISBN-13: **978 3739 246 765**

Herstellung und Verlag:
Books on Demand GmbH, Norderstedt

Vorwort

Viele Dinge erscheinen uns als echt, die wir tagtäglich in unserer Welt wahrnehmen. Wie kann es denn auch anders sein, denn in unserer Kindheit haben wir gelernt, dass alles so ist, wie es uns beigebracht wurde.

Die materiell geformte Gesellschaft lässt andersartige Gedanken nicht zu. Manchmal erleben wir die Erlebnisse aber anders und wundern uns dann, dass andere Menschen es nicht so sehen.

Dieses Buch handelt von der Kraft der Überzeugungen und dass man alles erreichen kann, wenn die alten Überzeugungen mit den Zweifeln und Wiederständen aufgelöst werden. Das gesamte Leben steht und fällt mit den inneren Anschauungen und wenn die eigene Innenwelt in Harmonie mit den eigenen Zielen steht, dann werden selbst die unmöglichsten Dinge zur Realität.

Manche Behauptungen wiederholen sich in den verschiedenen Kapiteln, aber dies ist so gedacht, damit die Wahrheiten, die in diesen Seiten schlummern, richtig verstanden werden können.

Die Thesen, die in diesem Buch vermittelt werden, wurden von mir sorgfältig recherchiert und beobachtet. Durch unzählige Erlebnisse, die mir und anderen widerfuhren, entstand diese Schrift.

Jürgen Berus

Inhalt

	Vorwort	5
1	Babypower	7
2	Erlernte Überzeugungen	11
3	Wer bin ich?	15
4	Was ist die Welt?	19
5	Warum lebe ich?	23
6	Meine Innenwelt spiegelt sich in meiner Außenwelt	27
7	Angstfrei das Leben besiegen	31
8	Ich bin der Erschaffer aller Dinge	35
9	Alle Energie ist in mir	39
10	Ich hol mir meine Energie zurück	43
11	Spielen, wie es mir gefällt	47
12	Die Zauberformel	51
	Das Spiel des Lebens	55

Weitere Erläuterungen

Mit einer starken Überzeugung zum Ziel	64
Meine Innenwelt	65
Meine Außenwelt	66
Meine Welt	67
Ich	68
Meine Überzeugung	69
Die Wirklichkeit ist gegensätzlich	70
Beispiele für Überzeugungen (1)	71
Beispiele für Überzeugungen (2)	72
Kleine Zusammenfassung	73
Geschichten, Märchen oder Filme zu den Themen in diesem Buch	74
Beispiel für eine APIJU Übung	75
Workshops im In- und Ausland	76
Die Powerüberzeugung	77

Kapitel 1

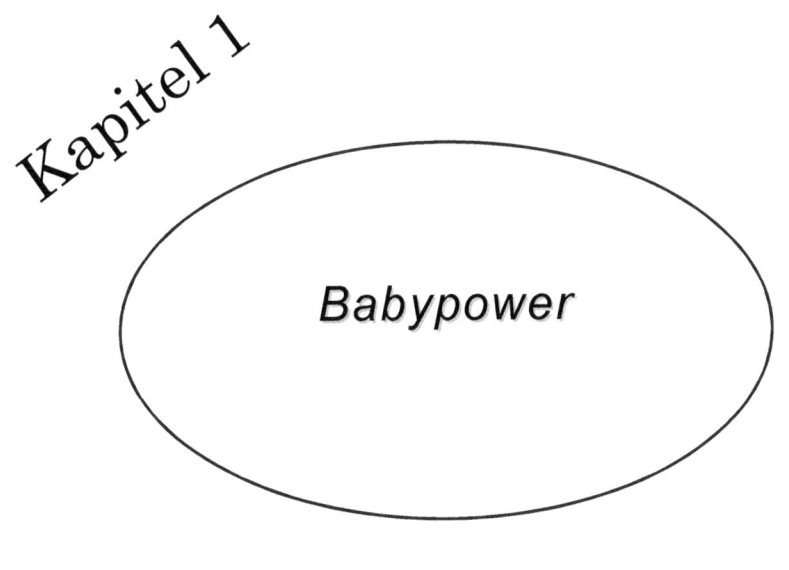

Babypower

Alles begann mit meiner Geburt. Ich gehe mit meinen Gedanken zurück und erinnere mich an meinen Anfang. Ich fühle mich zurück, soweit ich kann.

Ich öffnete die Augen und erblickte eine neue Welt. Ich konnte fühlen und denken, hatte jedoch keine Erinnerung daran, was vorher war. Ich sah die Welt, die außerhalb von mir war und mir unbekannt erschien. Ich fühlte mich getrennt von der Außenwelt, aber ich fühlte mich in meiner Innenwelt wohl.

Die Menschen, die ich sah, musste ich erst kennenlernen und ich hatte Bedürfnisse, die befriedigt werden mussten. Dazu brauchte ich die Hilfe von außen. Von der Außenwelt bekam ich Nahrung und Pflege und lernte die Dinge, um später im Leben zu bestehen.

Als Baby bekam ich alles was ich wollte. Ich bestimmte den Alltag meiner Eltern und ich war ohne Zweifel. Ich hatte noch die Babypower, die mich völlig frei machte.

Wenn ein Baby geboren wird, dann wird ein neues Universum geboren.

Ein Baby lebt in seinen Gefühlen und ist frei von **Angst**, **Glauben** und irgendwelchen **Überzeugungen**.

Es ist frei.

Alles was das Baby haben will, bekommt es **sofort**. Das Baby bestimmt, was gemacht wird. Wenn das Essen nicht schmeckt, dann isst es nicht und spuckt alles aus.

Alle Energie und Kraft ist im Baby.

Die Welt, die das Baby entwirft, ist seine eigene **innere Welt**.

Ein Baby drückt sofort seine Gefühle aus. Es lacht, wenn es sich freut. Es schreit, wenn es Hunger hat.

Ein Baby lebt in seiner Gefühlswelt.

Wenn ein Baby laufen lernt und hinfällt, dann steht es immer wieder auf und macht so lange weiter, bis das Ziel erreicht ist.

Ein Baby gibt niemals auf.

Jimmy war gerade mal elf Monate alt, als er den Drang in sich verspürte, laufen zu wollen. Krabbeln konnte er schon seit einiger Zeit, aber nun wollte er höher hinaus.

Die Idee kam ihm spontan, er wollte seinen Eltern imponieren, und so begann er jeden Morgen, sich am Tisch hochzuhangeln. Eines Tages, er wollte sich gerade wieder am Tisch hochziehen, da hörte er plötzlich die Stimme seiner Mutter: „Jimmy, wo ist denn mein kleiner Racker!" Jimmy erschrak und fiel hin. Während er stürzte, verletzte er sich am Kopf.

Die Schmerzen, die er hatte, waren groß. Seine Mutter kam schnell herbei und versuchte zu trösten, doch er schrie seinen gesamten Schmerz heraus, und er wollte den gesamten Abend nur noch krabbeln.

Ohne Wenn und Aber zum Ziel

Am nächsten Morgen schien alles vergessen zu sein. Wie gewohnt hangelte sich Jimmy am Tisch hoch. Seine Mama ist in der Küche nebenan, als er zwei Schritte vorwärts macht und hinfällt. Er kreisch laut vor Freude. Dann krabbelt er zur Tür und er sieht, wie seine Mami zu ihm hinüberschaut.

Er ist überglücklich und zieht sich an der offenen Tür hoch. Jedoch ist diese Hochziehmöglichkeit zu wackelig. Die Tür schwappt zu und Jimmy fällt wieder hin. Durch die Wucht des Falls schlägt die Tür an seinem Kopf. Er schreit vor Schmerzen und beruhigt sich erst in den Armen seiner Mutter.

In den nächsten Tagen und Wochen musste Jimmy viele Niederlagen einstecken. Aber er konnte auch kleine Erfolge verbuchen, und gerade diese Highlights und Niederlagen waren besonders für ihn. Er erlebte seine eigene Geschichte vom Hinfallen und Aufstehen und in dieser Story erlebte er sich als ein Sieger, der niemals aufgibt.

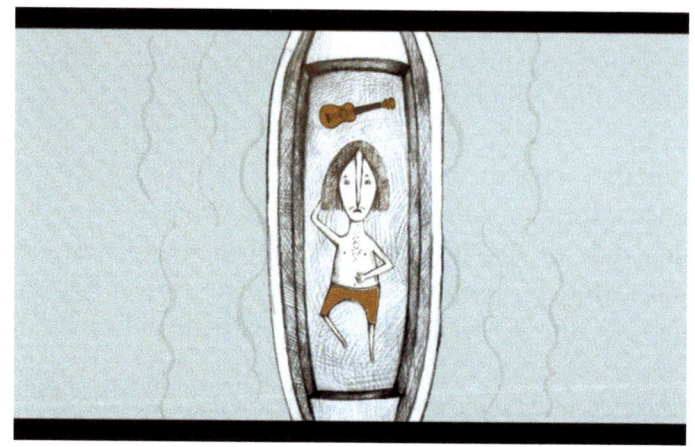

..., dass ich mal als Baby völlig frei von Angst, Widerständen und negativen Überzeugungen war.

ICH WEISS

ICH WEISS

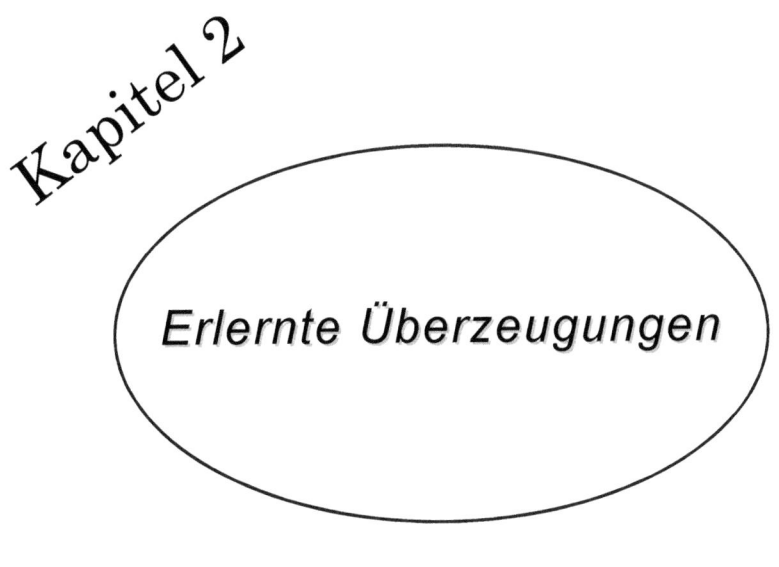

Kapitel 2
Erlernte Überzeugungen

Dann wurde ich älter. Aus dem Baby wurde ein Kleinkind und später ein Schulkind. Ich lernte von meinen Eltern die Sprache, und mit der Kommunikation bildeten sich die Überzeugungen in mir, die ich völlig urteilslos von meinen Eltern und meiner Umgebung übernahm.

Aber aufgrund meines Charakters und meines Wesens (meiner bisherigen Inkarnationen oder meinen Spielerfahrungen) waren die Überzeugungen, die ich von meiner Umwelt erlernte, mehr oder weniger stark.

In meinen späteren Überzeugungen spiegelten sich auch die Erlebnisse, die ich in meiner Kindheit hatte. Meist waren es diese Überzeugungen, die mein späteres Leben zum Positiven oder Negativen beeinflussten.

Viele Dinge übernahm ich von meinen Eltern, denn es waren meine Vorbilder. Die Überzeugungen bildeten sich expotentional in mir. Mit meinen Überzeugungen festigte ich meine Widerstände und auch meine negativen Glaubenssätze, die mich in meinem Leben hemmten.

Ohne es in Frage zu stellen, übernahm ich viele Überzeugungen meiner Eltern und habe geglaubt, dass sie wahr wären.

Mit manchen Überzeugungen nahm ich Beschränlungen und Widerstände in mir auf, die zu festen Überzeugungen und somit zu Realitätsmustern wurden.

Von meinen Eltern bekam ich Nahrung, Kleidung und Wissen. Meine Eltern bemühten sich sehr, um mir alles beizubringen. Aber sie vergaßen zu erwähnen, dass ihr Glaube und ihre Überzeugungen nicht für mich bestimmt waren.

Überzeugungen werden zu Kreationen.

Wenn ich Kritik an meinen Kreationen übe, oder auch wenn ich positiv darüber urteile, dann verstärke ich meine Überzeugung zu diesem oder jenem Thema und denke, sie wären real, weil ich mich damit beschäftige.

Später lernte ich von den Erwachsenen:

„Du musst hart arbeiten, um …"
„Du musst …",
„Du kannst das nicht machen."

All dies ist nicht wahr!!!!

Aber es wurden meine Überzeugungen.

Jimmy wurde älter. Er lernte die Sprache, und mit der Kommunikation erschien das sprachliche Denken in seiner Innenwelt. Von da an verstand er die Welt der Erwachsenen. Zwar befand sich seine Gefühlswelt noch in Harmonie mit seiner Innenwelt, doch dieser Gleichklang verschwand mehr und mehr, je älter er wurde.

Noch vertrieb er sich die meiste Zeit damit, um in seiner Phantasiewelt herumzuschwelgen. Doch manchmal musste er Dinge machen, die er nicht wollte, und so lernte er bereits in jungen Jahren seine ersten Überzeugungen.

Im Kindergarten kamen neue Regeln hinzu. Jimmy glaubte den Geschichten der Erwachsenen, die über die Welt, über Gott und das Leben erzählt wurden. Ja, warum sollte er denn diese anzweifeln? Die Erwachsenen mussten es doch wissen, denn sie lebten doch schon so unendlich lange auf der Erde.

Überzeugungen setzten sich fest

Jimmy lebte mit seiner Mutter alleine in einer kleinen Mietwohnung. Fast jeden Tag hörte er seine Mutter sagen, dass das Leben sehr schwer sei und dass das Geld ein großes Übel für die Menschheit sei.

Manchmal wünschte er sich, dass Gott seiner Mama helfen möge. Er betete jeden Tag, aber nichts tat sich. Er sah und fühlte zwar andere Dinge, doch war er schon so vereinnahmt von der Erwachsenenwelt, dass er eher diesen glaubte, als den Dingen, die er aus seiner Innenwelt fühlte. Er merkte es nicht, aber er wurde zu einer fünfzigprozentigen Kopie seiner Mutter und einer dreißigprozentigen Kopie seiner Umwelt. Die Überzeugungen, Zweifel und Widerstände, die er nun in sich beherbergte, waren von nun an so gefärbt, dass er nur zwanzig Prozent für eigene Erfahrungen frei hatte.

Überzeugung ⟶ Wissen ⟶ Realität

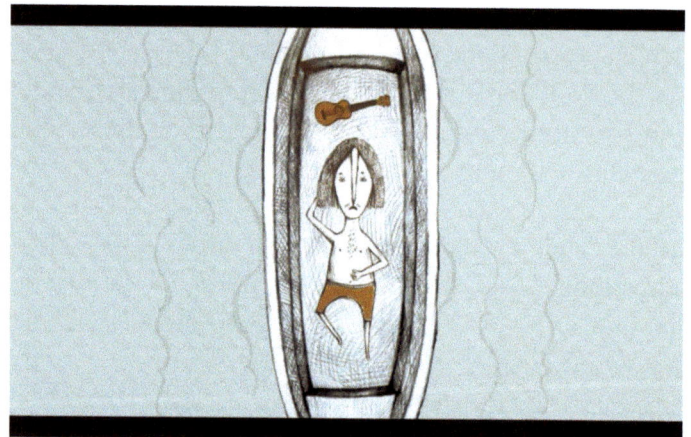

I C H   W E I S S

..., dass alle meine erlernten Überzeugungen relativ sind. Sie sind nicht wahr, nur wenn ich daran glaube.

I C H   W E I S S

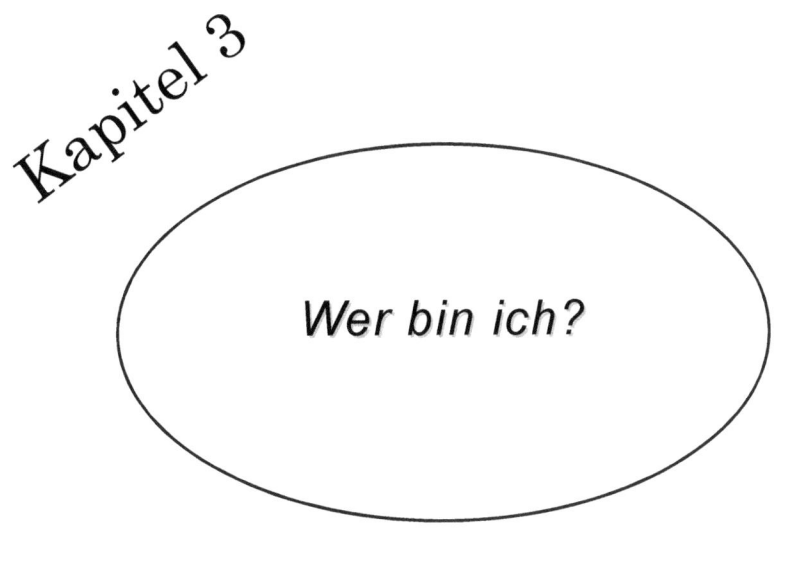

Kapitel 3

Wer bin ich?

Diese Frage beschäftigte mich schon immer. Mal weniger stark und manchmal mehr. Wenn die Probleme überhand nahmen, stellte ich alles in Frage, denn manche Dinge, die ich in meiner Kindheit gelernt hatte, konnten nicht stimmen.

Die Wahrheit, die ich über mich herausgefunden hatte, teils durch Beobachtung und dann widerum durch ungewöhnliche Begebenheiten, war ganz anders. Ich sah, dass mein Wesen stärker und interessanter war, als alles andere, was scheinbar existierte.

Ich erkannte, dass ich ein sehr großartiges und unendliches Wesen bin, dass mit allem verbunden ist und und alles Wissen der Welt bereits in sich trägt. Ich fand die Bestätigung, dass es niemanden gab, der die Macht hatte, mich in meinem Lebensspiel zu unterjochen.

In dem Spiel meines Lebens bin ich die Nummer Eins. Nichts und niemand ist in der Lage, mich in meinen Zielen und Wünschen aufzuhalten, wenn ich es nicht will, denn ich bin der Erschaffer meiner eigenen Lebenskreation.

Ich bin ein unendlich großartiges und mächtiges Wesen. Ich kann alles erreichen und bekommen, was ich will.

Wünsche ich mir Probleme, dann denke ich jeden Tag über meine Probleme nach.

Ich fühle mich wie ein Problem.

Wünsche ich mir Glück und Wohlstand, dann bin ich jeden Tag glücklich und fröhlich.

Ich bin glücklich.

Als kleines Kind war ich noch frei von negativen Überzeugungen. Ich konnte kreativ sein wie ich wollte. Ich konnte lachen, weinen, schreien, meine Wut und meine Freude ausdrücken.

Ich konnte sein, wie ich bin!

Ich kann die Welt verändern. Wenn ich mich verändere, verändere ich **Meine Welt.**

Ich bin meine eigene Erfindung.

Ich entscheide immer selber, wie erfolgreich ich bin oder was für eine Rolle ich spiele.

Ich bin mein eigener Schöpfer.

Alles, was sich in meinem Leben ereignet, passiert extra für mich. Es geht nur um mich in diesem Spiel.

Manchmal wusste Jimmy nicht, was er glauben sollte. Da wurde ihm doch glatt jeden Tag erklärt, wie klein und einfach er und alle Menschen doch seien, aber andererseits entdeckte er an sich Fähigkeiten, die die Meinungen der anderen in Frage stellten.

Mit manchen Dingen konnte er sich nicht anfreunden. Zum Beispiel, wenn ihm gesagt wurde, dass er manche Sachen nicht konnte oder er zu klein dafür wäre. Er wusste nämlich, dass er alles mögliche schaffen konnte, wenn die Zeit reif dafür wäre.

Eines Tages, es war kurz vor seinem zwölften Geburtstag, da hatte Jimmy ein seltsames Erlebnis. Seit geraumer Zeit wurde er von einem Jungen, der in einer anderen Klasse war, geärgert und geschlagen. Jimmy traute sich schon nicht mehr zum Schulhof.

Dann hatte er plötzlich eine Idee. Er hatte gehört, dass wenn seine Überzeugung sehr groß sei, alles bewerkstelligen konnte, was man wollte. Also beschloss er sich vorzustellen, dass dieser böse Junge verschwand. Seine Überzeugung wurde von Tag zu Tag stärker.

Größer und mächtiger als alles andere

Am nächsten Morgen hatte er zwar noch eine kleine Auseinandersetzung mit diesem Jungen, doch nahm er es gelassen hin und es ging schnell vorbei. Die nächsten Tage arbeitete Jimmy an seiner Überzeugung. Kein Zweifel wurde hereingelassen.

Er wunderte sich nicht, als nach einer Woche dieser Junge nicht mehr auftauchte. Auch in den darauffolgenden Tagen nicht. Niemals hatte er noch Probleme mit diesem Kind.

Seit diesem „Abenteuer" wusste Jimmy, dass er alles errreichen konnte was er wollte. Er hatte die Bestätigung dafür bekommen, dass er ein unendliches, kreatives und mächtiges Individuum ist, das alles bekommen kann, was es will.

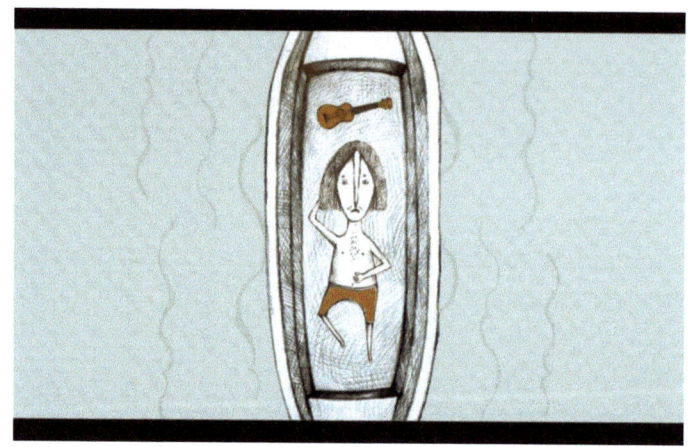

ICH   **ICH**
C   **C**
H   **H**

 ..., dass ich die Nummer Eins in meinem Lebensspiel bin. Ich bin ein unendliches, multidimensionales Geschöpf. Ich erreiche alles, da ich der Schöpfer meiner eigenen Realität bin.

WEISS   **WEISS**

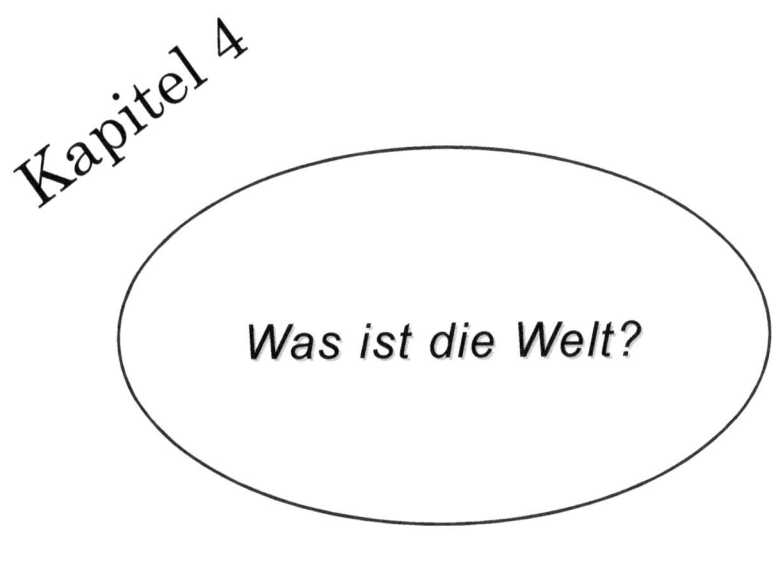

Kapitel 4

Was ist die Welt?

Als ich die Welt zum erstenmal sah, wunderte ich mich über die Perfektion aller Dinge. Es sah alles so echt aus, eben wie die Realität. Ich hatte keine Zweifel, um alles, was mir später über die Welt erzählt worden war, in Frage zu stellen.

Später begann ich die Welt zu erforschen. Ungewöhnliche Erlebnisse begleiteten mich, und heute weiß ich, das alles, was mir als Kind über die Welt erzählt wurde, nicht der Wahrheit entsprach.

Durch Zufall lernte ich die Macht der eigenen Überzeugung kennen. Recht seltsame Ereignisse wurden zum Resultat meiner inneren Kraft. Ich erfuhr, dass alles möglich ist, wenn man mit einer starken Überzeugung zu Werke geht.

Auch andere Begebenheiten bestätigten meine Annahme, dass ich mich in einer von mir selbst programmierten holographischen Welt befand. Die Welt richtet sich nach meinen Bedürfnissen, die durch meine Überzeugungen und Gefühle programmiert wird.

> **Meine äußere Welt ist ein Spiegel meiner inneren Welt. Lebe ich in Beschränkungen, dann erscheinen Beschränkungen überall in meinem Leben.**

- Die Welt ist eine Welt der eigenen Überzeugungen. Wenn ich meine Überzeugungen ändere, dann ändere ich meine Erlebnisse und meine äußere Welt.

- Vielleicht denke ich, diese Welt, meine Welt wurde von Gott oder von anderen entworfen. Aber dies ist nicht wahr.

  Alles ist meine Kreation.

- **Alles ist relativ**
  Die Wahrheit über die Welt ist in mir.

- **Beispiel**

  Wenn ich denke oder davon überzeugt bin, dass ich zu alt bin, um eine Arbeit zu bekommen, dann ist es so und all meine Erlebnisse in meinem Leben bestätigen meine Überzeugung. Ich werde überall Leute finden, die so denken wie ich.

- In jeder Sekunde und an jedem Tag erschaffe ich meine eigene Zukunft.

  Ich trage die gesamte Welt in mir.

Einige Jahre später, Jimmy machte sich gerade für seinen Abschlussball fertig, da überkam ihm eine ungewöhnliche Erkenntnis, die für ihn, im Augenblick des Erlebens, sehr interessant und erkenntnisreich war. Es betraf die Welt, in der er lebte und wirkte. Seine Welt, die er jeden Tag wahrnahm und die Erlebnisse, die eine Wirkung auf ihn hatten.

Er war schon fertig angezogen, aber er musste noch auf seine Freundin warten. Sie wollte ihn abholen, und da er noch über eine halbe Stunde warten musste, ging er in den Garten und blickte in den Himmel. Unendlich viele Sterne strahlten in einem herrlichen Glanz auf ihn nieder, und er fragte sich, was diese Welt überhaupt ist. Die meiste Zeit in seinem Leben befand er sich in seiner inneren Welt, so fand er.

In Problemzeiten, wenn er über das Geschehen nachdachte, empfand er, dass er sich ganz alleine auf dieser Welt befand. Alles, was gewesen war, empfand er dann als einen bösen Traum.

In der eigenen Welt eintauchen

Es ist meine Welt. Niemand erlebt und sieht die Welt so wie ich. Keiner kann die Welt so erleben, kein lebendiges Wesen hat die gleichen Erlebnisse und Emotionen wie ich.

So dachte Jimmy in diesem Moment. Diese Erkenntnis, die Jimmy hatte, war so phänomenal für ihn. Nun verstand er, dass nur seine eigene Welt Relevanz für ihn hatte. Er konnte alles erreichen und schaffen, da es ja seine eigene, von ihm erschaffene Welt war.

Etwas später kam seine Freundin und riss ihn aus seiner inneren Gedankenwelt. Er sah die Welt nun von einer anderen Sichtweise, nämlich von seiner eigenen, denn es war seine eigene Welt.

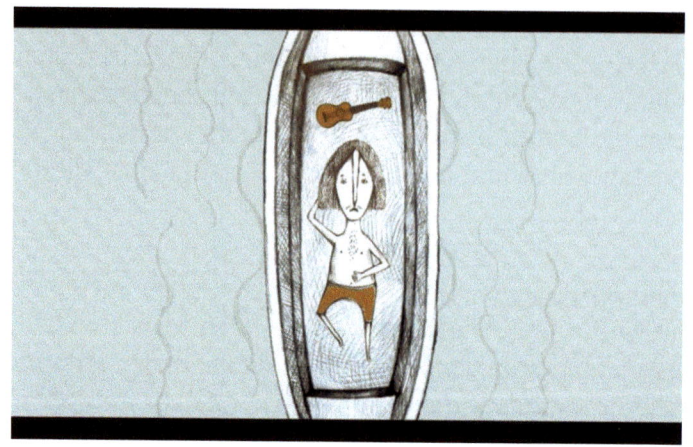

ICH

..., dass die Welt eine Erfindung von mir ist. Ich kann jederzeit neue Ereignisse hinzuerfinden und alte auflösen.

ICH

WEISS

WEISS

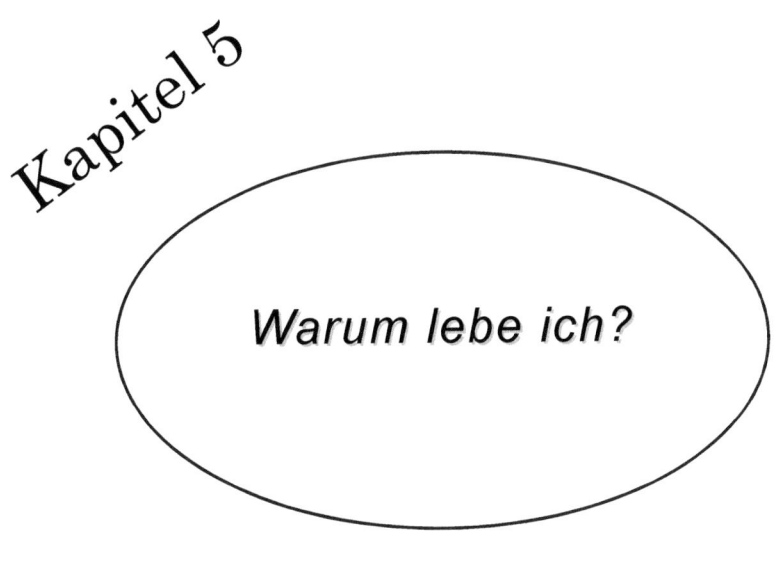

Kapitel 5

Warum lebe ich?

Konnte ich diese Frage überhaupt beantworten? Große Denker und Philosophen stellten viele Thesen und Vermutungen in den Raum, und ehemalige Wissenschaftler stützten sich auf die Evolution. Doch heute weiß ich, dass ich einzig deswegen in dieser Welt lebe, um Gefühle zu erleben.

Ich stelle mir das Leben als ein wunderbares Spiel auf dem Holodeck vor, in dem ich aber die Macht habe, alles so auf mich zuzuschneiden, so dass ich den größtmöglichen Nutzen habe, um all meine Gefühle ausleben zu können.

Es ist so, als ob ich ein besonderes Buch lese oder ob ich mir einen gefühlvollen Film anschaue. Die besten Medien sind die, die mir die größtmöglichen Gefühle übermitteln. Dabei spielt es keine Rolle, ob ich sogenannte negative oder positive Gefühle erfahre, denn ich weiß ja, es ist nicht real. Ganz ähnlich verhält es sich mit der irdischen Existenz. Das einzige Problem dabei ist, dass ich vergessen habe, wo ich mich befinde und was ich hier mache, nämlich: „Ich lebe, um in echten Gefühlen zu baden."

Ich lebe, um Gefühle in ihrer gesamten Bandbreite zu erleben.

In meinem Leben geht es nicht um Ziele, Erlebnisse, Geld verdienen oder Beziehungen. Vielmehr geht es um das Erleben von Gefühlen wie: Angst, Freude, Kummer, Wut, Angst, Liebe, Eifersucht etc..

Mein gesamtes Leben erlebe ich Gefühle in verschiedenartigen Variationen. Da aber ein Gefühl nichts anderes als Energie ist, die mit einer gewissen Stärke und mit einer bestimmten Frequenz schwingt, kann ich sagen:

"Ich lebe, um in der Energie zu baden."

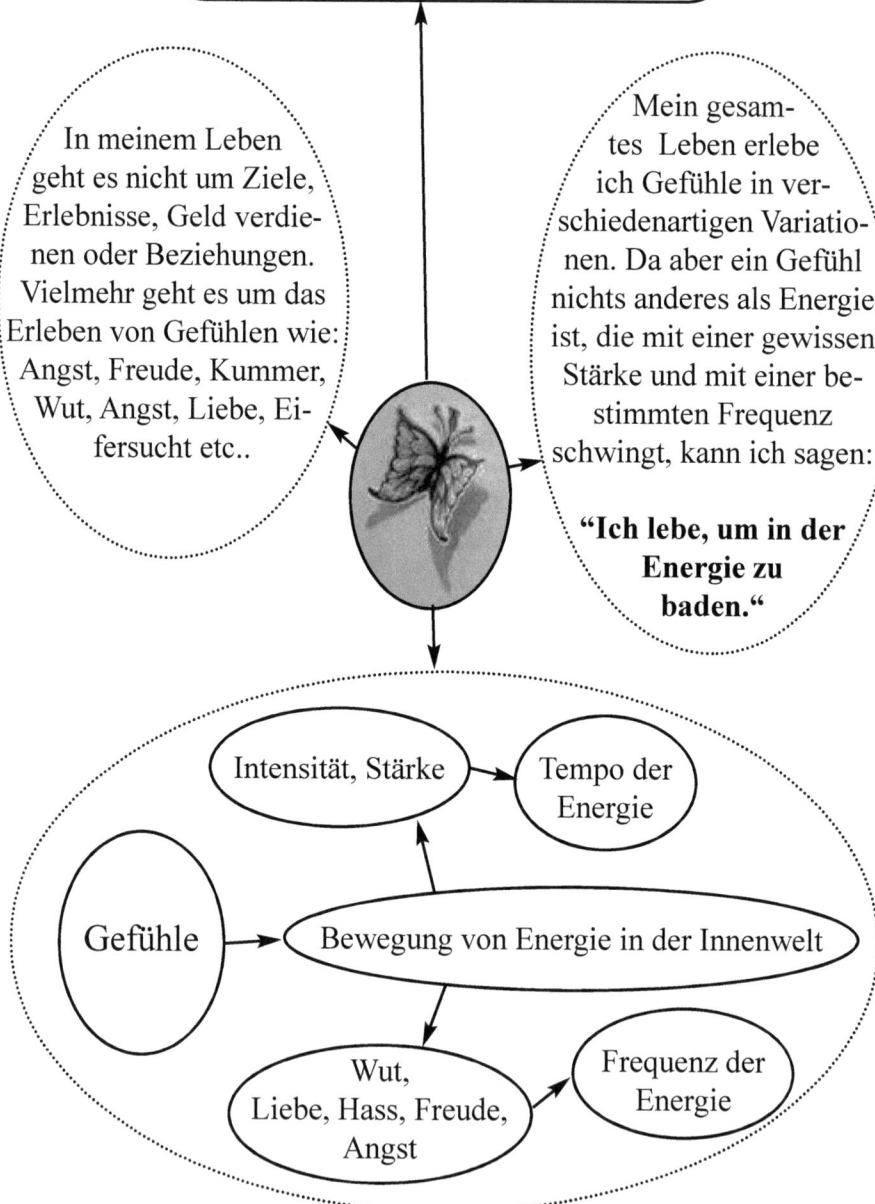

Gefühle → Bewegung von Energie in der Innenwelt

Intensität, Stärke → Tempo der Energie

Wut, Liebe, Hass, Freude, Angst → Frequenz der Energie

Jimmy wurde älter, und mit seiner Lebenserfahrung entwickelten sich auch seine Gefühle. Er hatte bereits eine Freundin, und mit ihr wollte er ins Kino gehen. Er hatte schon im Vorfeld die Karten gekauft und am Abend war es dann soweit. Er setzte sich in den Kinosessel, und voller Spannung erwartete er das Highlight.

Er fühlte sich mit den Figuren in diesem Film verbunden. So stark, als ob er sich als stiller Beobachter neben den Darstellern befand. Er erlebte die Wut, die Unfähigkeit, seinem Idol helfen zu können. Tränen flossen ihm aus den Augen, als die Emotionen der Liebe auf ihn flossen. Er steigerte sich in die Angst hinein, als die Gefahr ins Unermessliche wuchs. Er lachte aus ganzem Herzen, wo die Freude des Moments auf ihn überschwappte und ekelte sich ins Unermessliche bei Szenen, die in ihm Abscheu verursachten.

Nach diesem Kinoerlebnis erkannte er, dass sich sein Leben genauso ver-

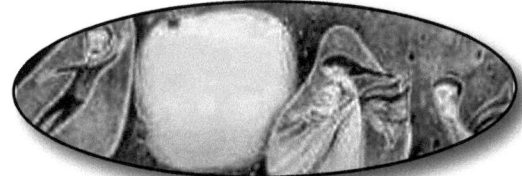

gelebte Gefühle in allen Schattierungen

hielt. Nur, dass er hier als Hauptdarsteller agierte. Es waren die Gefühle, die er tagtäglich in verschiedenen Situationen erlebte.

Im Erleben des Films wusste er, dass er nur als Beobachter fungierte. Er erlebte alle seine Gefühle mit der gleichen Intensität wie im richtigen Leben. Wut, Angst, Liebe und Freude liebte er gleichermaßen. Es gab keine negativen oder positiven Emotionen.

Im richtigen Leben aber erfährt er sich als Hauptdarsteller. Er befindet sich in seinem eigenen Film und denkt und fühlt, es wäre real. Die Illusion der Realität erzeugt aus den neutralen Gefühlen wie Wut, Freude, Angst und Liebe, die Unterscheidung der negativen und positiven Energieentladungen. Diese Erkenntnis kommt ihm blitzartig und er weiß nun, warum ein Leben voller Gefühle und Erlebnisse interessanter ist, als eine langweilige Existenz. Er weiß nun, warum er lebt.

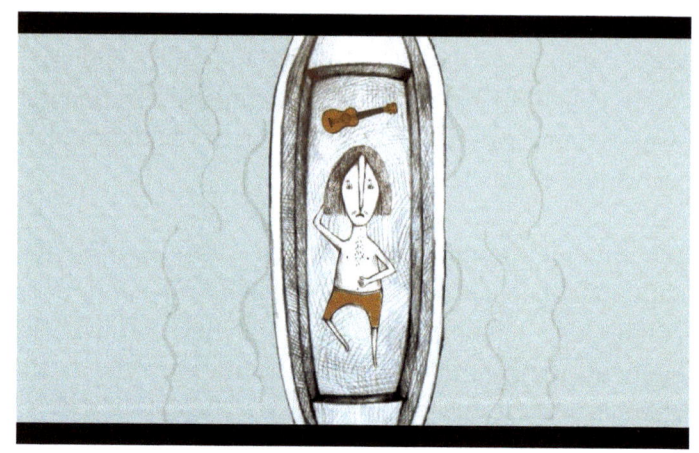

ICH WEISS

..., dass es in meinem Leben nur darum geht, um Gefühle in ihrer gesamten Bandbreite zu erleben.

ICH WEISS

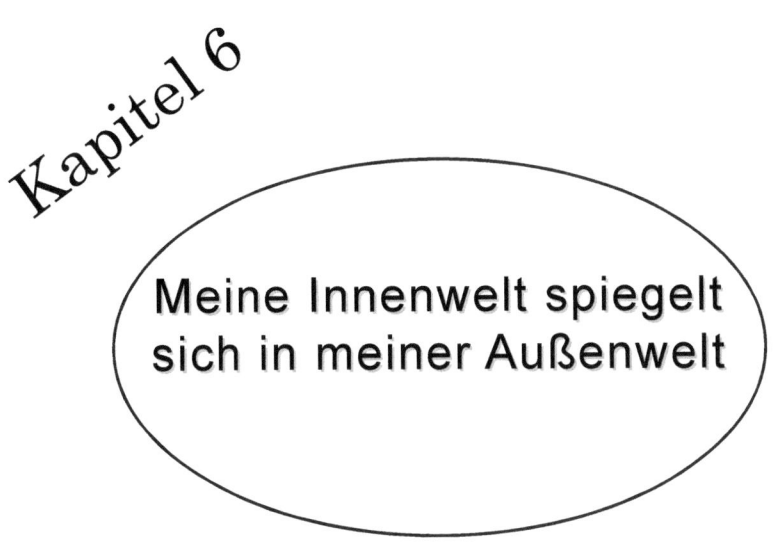

Kapitel 6
Meine Innenwelt spiegelt sich in meiner Außenwelt

Manchmal wunderte ich mich über ungewöhnliche Begebenheiten, die in mein Leben traten. Ich traf Menschen zur rechten Zeit, die über die Probleme oder Interessensgebiete sprachen, die ich im Moment hatte.

Dann traf ich Personen, die mir in ihren Lebenssituationen recht ähnlich waren, und das ging soweit, dass sogar die Geburtsdaten und Namen eine Färbung hatten, die nicht durch Zufall erklärbar waren. Manchmal verblüfften mich die Situationen so stark, dass ich glaubte, irgendjemand hätte dies alles arrangiert. Aber manche Dinge kann man eben nicht arrangieren.

Später erfuhr ich von dem hermetischen Gesetz: „Wie innen, so auch außen". Es besagt, dass alles, was in meiner Innenwelt passiert, auch in meiner Außenwelt Bestand hat.

Ich projiziere somit meine innere Welt auf meine äußere Existenz, und das in jeder Situation und in jedem Moment meines Lebens.

Ändert sich meine Innenwelt (Gefühle und Überzeugungen), dann ändert sich auch meine äußere Welt und auch die Personen, die mit mir in Kontakt treten.

Bin ich überglücklich und laufe mit einem breiten Grinsen durch die Gegend, dann wird sich meine Umwelt genauso präsentieren. Ich sehe lustige Bilder und lustige Menschen. Fernsehsendungen werden positiv dargestellt und Unterhaltungen werden zum reinen Vergnügen.

Meine Realität ist ein Spiegel meiner inneren Überzeugungen. Auch irgendwelche Widerstände in mir sind einfach nur alte verborgene Überzeugungen, die nicht wahr sind.

Die Welt ist so, wie ich sie sehe.

Ist mein Inneres von Zweifeln geprägt, dann werde ich immer Leute finden, die mich in meinen Zweifeln bestätigen. Fernsehsendungen werden mir pessimistisch dargeboten und Unterhaltungen werden zum reinsten Zweifelerlebnis.

Alle Menschen, die mir begegnen, sind mir ähnlich, sei es im Auftreten, in ihren Charaktereigenschaften, in ihren Lebenssituationen, in ihren Gefühlszuständen oder in ihren Meinungen.

Eine Frau im mittleren Alter sitzt vor ihrem Spiegel und denkt über ihr bisheriges Leben nach. Sie sieht sich in ihrer Wohnung um, und irgendwie sieht alles chaotisch aus. Seit einiger Zeit fühlt sie sich sehr müde und verbraucht. Sie will ausbrechen, raus aus dieser Misere. Einige Male schon hat sie versucht, alles in Ordnung zu bringen, doch es scheint nicht zu funktionieren.

Es ist Jimmys Mutter, die mit diesen Problemen zu kämpfen hat. Sie verdient nicht viel, und ihre Finanzen bekommt sie schon lange nicht mehr in den Griff. Immer sind neue Ausgaben fällig. Warum scheint bei anderen Menschen alles zu funktionieren und bei mir nicht. Es ist nicht gerecht. Ich bin doch nicht anders als die anderen, denkt sie.

Sie hat zwar einen Freund, der sie unterstützt, doch erkennt sie nicht seine Bemühungen und behandelt ihn wie einen räudigen Hund.

Eines Tages, sie sitzt auf dem Platz vor ihrem Haus, auf dem ihr Freund so oft saß

eigene spiegelbildliche Impressionen

und denkt über ihre augenblickliche Situation nach. Sie erkennt, dass sie oft zu hart gegenüber sich selbst ist und diese Härte und gespielte Kälte gibt sie oft weiter zu den Personen, die sie liebt. Aber im Grunde genommen hat sie Angst vor dem Leben.

Sie steht auf und geht hinunter zum Markt, und plötzlich erlebt sie ihr JETZT. Sie erkennt die Menschen, mit denen sie zu tun hat. Sie sieht ihre Charakterzüge in den anderen Menschen. Ihre Traurigkeit und ihre Angst spiegelt sich in den anderen Personen und ihren Freunden. Als sie dann von ihrer besten Freundin eine Abfuhr erhält, weiß sie, dass sie diese Härte und Kälte auf ihre Freundin übertragen hatte. Ich quäle mich selber, denkt sie. Ich weiß nun, was ich machen muss, um glücklich zu werden.

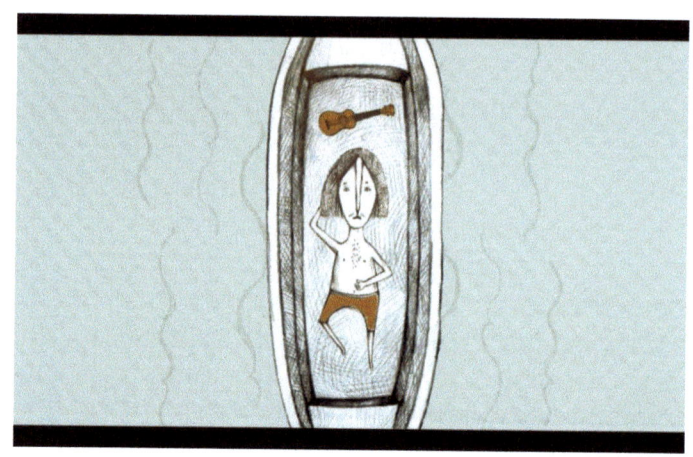

I C H W E I S S

..., dass sich meine Innenwelt in meine Außenwelt spiegelt.

I C H W E I S S

Kapitel 7

Angstfrei das Leben besiegen

Angst, Zweifel und Widerstände gegenüber irgendwelchen Situationen oder Neuerungen basieren zumeist auf unseren alten Überzeugungen, die uns zu irgendeiner Zeit angelernt wurden. Als ich eines Tages, quasi über Nacht, ohne Angst (zu einem bestimmten Thema) aufgewacht bin, da fragte ich mich im Nachhinein, warum ich mich die ganzen Jahre damit gequält hatte.

Heute weiß ich, dass jede Art von Angst, Zweifel und Widerstand in mir nur eine Illusion ist. Eine Täuschung, die ich mir irgendwann einmal angeeignet habe. Im Grunde genommen gibt es nichts zu fürchten, da ich der Erschaffer meiner gesamten Lebenssituationen bin.

Die Angst oder der Zweifel nimmt oft mein Denkgebäude in Beschlag und versucht alles zu analysieren. Wenn ich aber versuche, auf meine innere Stimme oder mein inneres Gefühl zu hören und voller Zuversicht bin, dass mir überhaupt nichts passieren kann, dann kann ich dazu über gehen, in der Schule der Angstfreiheit, die Freiheit wieder zu entdecken. In meiner wiedergefundenen Freiheit, ohne Angst und Zweifel, kann ich das Leben führen, das für mich bestimmt ist.

Ich besiege meine Angst und ich bin der größte Magier aller Zeiten.

Bin ich frei von meiner Angst, dann stehen mir alle Türen offen.

Ich denke nach und überlege. Ich habe mein Leben selber erschaffen. Alles sind meine eigenen Erfindungen. Da ich alles selber kreiert habe, brauche ich keine Angst zu haben, weil ich es ändern kann.

Die Angst habe ich erlernt, ich kann sie auch wieder vergessen.

Ohne Angst, Zweifel und Wierständen lebe ich völlig im Jetzt. Ich bin völlig glücklich und mache, was mir Spaß macht.

Die Angst ist eine Illusion. Ich bin der Chef meines Lebens. Ich bin der Regisseur meines Films.

Überall, wo ich nicht frei agiere oder wo ich nicht das mache, was ich wirklich von ganzem Herzen mag, bin ich gefangen in meiner Angst und in meinen Zweifeln.

Manchmal hatte Jimmy Angst vor sich selbst. Er traute sich nicht zu sagen, was er richtig wollte. Oft fing er an zu lügen, wenn es ihm an den Kragen gehen sollte oder wenn er die Konsequenzen ausbaden musste. Allerdings waren es oft nur Lappalien, die aber dann zu echten Problemen wurden, wenn er sich in der Angst verstrickte.

Es wäre ja nicht so schlimm gewesen, wenn es ihm nichts ausgemacht hätte, aber nach jeder solchen Konversation, hätte er sich am liebsten selbst zerfleischt. In diesen Situationen war er nicht mutig. Durch irgendwelche Widerstände oder Zweifel, die in seiner Innenwelt schlummerten, entstand Chaos in seiner Außenwelt.

Viele Jahre lang quälte sich Jimmy mit dieser Eigenart. Manch weniger gute und auch schöne Erlebnisse konnte Jimmy verbuchen und als er eines Tages tief im Dschungel eines Einkaufszentrums verschwand, da erkannte er die Wahrheit in sich. Es war nicht so,

Ohne Furcht das Leben meistern

dass er die Erkenntnis in Worte fassen konnte, aber sie war so stark, dass sich sein Wesen von einer Minute zur anderen änderte.

Plötzlich konnte er frei vor anderen sprechen. Er konnte sich für andere einsetzen und erkannte, dass er nicht so klein war, wie er anfangs dachte. Er sah nun seine innere Stärke und wollte sich nicht mehr verstecken oder gar lügen.

Aus dem ängstlichsten aller Menschen, so dachte Jimmy, wurde der Mutigste. Er fand, dass sich dieses Gefühl, was die Menschen Mut und Courage nannten, so gut anfühlte und von diesem Moment an wollte Jimmy diese Eigenschaft nie mehr missen.

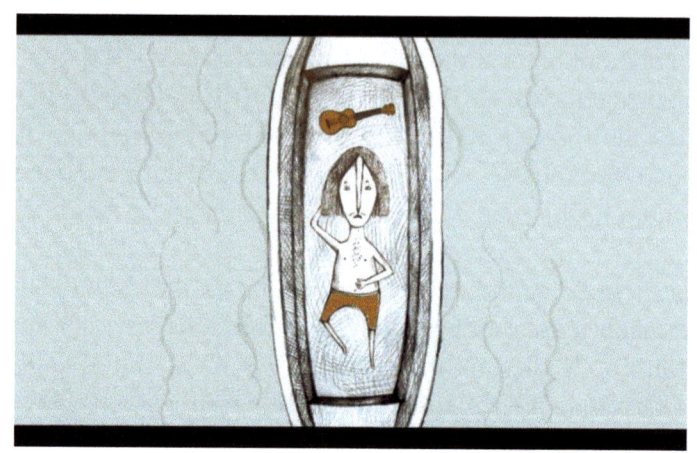

ICH WEISS

..., dass wenn ich meine Angst, Zweifel und Widerstände aufgebe, völlig frei bin.

ICH WEISS

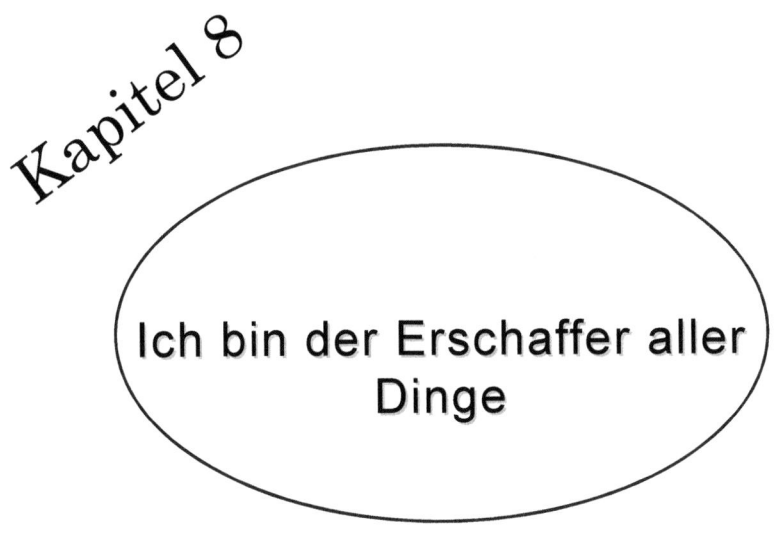

Kapitel 8

Ich bin der Erschaffer aller Dinge

Als ich jung war, da erzählte man mir, die Welt und alles, was sich darauf befindet, wurde gänzlich von Gott erschaffen und auch die Ereinisse und Schicksale der gesamten Menscheit. All dies hörte sich befremdlich für mich an, aber damals wusste ich es noch nicht besser.

Heute weiß ich, dass ich selbst der Erschaffer aller Dinge bin, einschließlich meines Schicksals. Ich denke nach und ich weiß, dass ich alle Dinge zuerst in meiner Innenwelt kreiere und später in meine Aussenwelt transferiere. Meine inneren Überzeugungen sind der Schlüssel zu meinem Spiel in meiner Außenwelt. Wenn ich die Regeln erkannt habe, kann ich alles erschaffen, was ich will.

Manchmal sind die Ereignisse, die zum Ziel führen, so genial und wirkungsvoll. In den kühnsten Träumen könnte man es sich nicht vorstellen, dass gerade diese oder jenen Dinge in mein Leben kommen würden.

Aber wenn ich mich erinnere, was ich damals wollte und wie sich mein Traum erfüllte, dann würde ich sagen, dass sich meine Ziele immer auf wundersame Weise erfüllt haben.

> **Es gibt nichts, was ich in meinem Leben nicht erschaffen habe.**

Alle Rollen, die ich in diesem Leben spiele, habe ich selbst kreiert. Obwohl ich diese Rollen mit diesen oder jenen Charakteren spiele, bin ich in Wirklichkeit ein unendliches Wesen, das alles Wissen der Welt in sich führt. Ich kann alles erschaffen, was ich will.

Alle Szenen in meinem Leben tragen „meine Handschrift" und auch die anderen Menschen, mit denen ich zu tun habe, tragen Charakterzüge, die den meinen gleichen. Auch die Orte, die in meinen Szenen erscheinen, entstanden aus meiner eigenen Innenwelt.

Ich kann mir alles erschaffen, was ich will. Ich muss nur davon überzeugt sein.

Auch wenn es manchmal nicht so scheint, jede noch so kleine Einzelheit in meinem Leben ist von mir erschaffen worden.

Ich bin der perfekte Baumeister.

Eine unerschütterliche **Überzeugung**, die so stark wie das Wissen ist, ist meine Garantie zum Erreichen meines Ziels und zum Erschaffen aller Dinge, die ich haben will.

Seit einigen Jahren nun arbeitete Jimmy als Verkaufsberater in einem kleinen Verkaufshaus. Er verdiente recht gut und konnte sich viel leisten. Allerdings war er manchmal so freigebig, dass er schon zwei Wochen nach seinem Gehaltseingang sparsam haushalten musste. Aber das machte ihm nichts aus, denn alles, was er brauchte, hatte er zuhause.

Eines Tages, es war schon später Nachmittag, da ging Jimmy mit seiner Freundin durch die Stadt. Eigentlich mussten sie noch etwas einkaufen, aber seine Taschen waren leer, und für ihn war es nicht so wichtig, da sein Gehalt in drei Tagen kam und der Einkauf erst dann stattfinden sollte.

Seine Freundin aber konnte nicht warten. Sie glaubte ihm nicht, und so

Kreationen aus dem eigenen Geiste

versuchte sie ihn zu nerven und sagte immer wieder, dass er doch in seiner Tasche nachschauen sollte. Er erklärte, dass er kein Geld mit habe, und es würde doch auch Spass machen einfach so herumzulaufen.

Nach einiger Zeit war es Jimmy leid. Er erhob seine Stimme und sagte laut: „Ich hab dir doch immer gesagt, dass das Geld auf der Straße liegt." Zur Unterstützung seiner Worte schnippte er mit seinen Fingern und zeigte demonstrativ zu ihren Füßen.

Erschrocken schaute sie ihn an, denn vor ihren Füßen lag ein kleiner Schatz. Mehrere Ein- und Zwei- Euro- Münzen schlummerten vor ihm im Asphalt der Straße. Obwohl auch er irritiert war, sagte er: „Siehst du, mit einer großen Überzeugung kann ich kreieren was ich will.

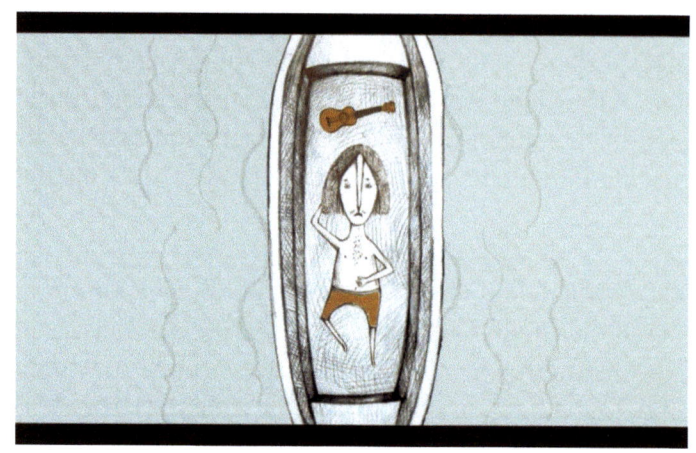

I C H   W E I S S

..., dass ich jedes Detail und jede Szene in meinem Leben selber kreiert habe.

I C H   W E I S S

Kapitel 9

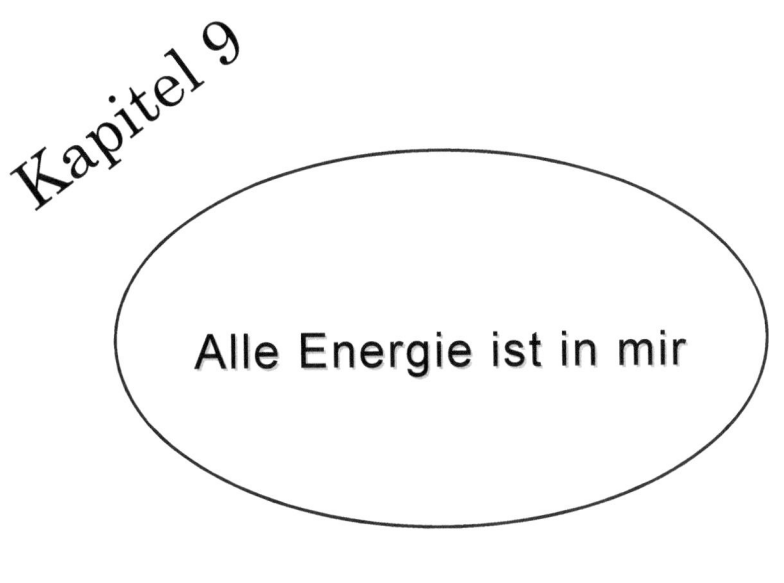

Alle Energie ist in mir

Ich weiß, dass mein Leben nur den Zweck hat, Gefühle in all ihren Variationen zu erleben. Ob es nun negative oder positive Emotionen sind, spielt keine Rolle. Die Energie, die in diesen Regungen steckt, ist gleich. Nur die Frequenz und die Intensität ist eine andere.

Diese Art von Energie ist nötig, um unsere Welt bzw. unsere Außenwelt zu erschaffen. Denn sie befindet sich in unseren Überzeugungen, Zweifeln und Widerständen, aber auch zur freien Verfügung im Nullpunktfeld, das ich jederzeit anzapfen kann.

Diese Energie steht mir überall zur Verfügung, um mir neue Kreationen zu erschaffen. Allerdings stehen mir manchmal meine alten negativen Widerstände und Zweifel im Wege, die ich irgendwie loswerden muss, um Komplikationen zu vermeiden. Denn diese alten Überzeugungen wirken nach wie vor weiter und behindern mich mit alten Mustern.

Wenn ich die Energie aus diesen alten Überzeugungen freisetze, dann behindern mich diese ehemaligen Energiefresser nicht mehr, und ich kann mir positive Kreationen erschaffen.

Die gesamte Energie, die zum Erschaffen meiner Welt benötigt wird, befindet sich in mir und nicht in der äußeren Welt.

Meine Energie steckt in vielen Dingen des Alltags, in vielen Überzeugungen, die die Muster in meinem Leben erzeugten. Auch in meinen Zweifeln und Widerständen, die mich manchmal in meinem Leben ausbremsten.

Alle Energie zum Erschaffen meiner Welt befindet sich in mir. Ich habe einzig vergessen, sie zu benutzen. Es gibt keine Energie außerhalb von mir.

Die Materie an sich besitzt keine Energie

Ich setze die Energie frei, die sich in meinen alten Überzeugungen befinden, und ich kann mir neue Überzeugungen programmieren, die mein Leben lebenswerter machen.

Wenn ich genügend Energie aus den alten Mustern zurückgewonnen habe, ändert sich meine innere Welt und somit auch meine äußere Erlebenswelt. Auch die Personen, mit denen ich zu tun habe, ändern sich zum Positiven oder es erscheinen neue Menschen, die mich bereichern werden.

Jimmy war mit seinem Latein am Ende. Immer wieder kamen Ereignisse in sein Leben, die ihn an ein widerkehrendes Muster denken ließen. Es waren ähnliche Geschehnisse, die ihn nicht losließen. Wie eine Endlosschleife, die sich immer weiterdrehte und ihn nicht losließ.

Es muss doch an mir liegen, dachte er sich. Irgendetwas stimmt doch nicht. War dies mein Lebensweg oder gar mein Schicksal? Wohl eher nicht. Jimmy wollte dieses Geheimnis lüften, denn dieses Phänomen ging alle Menschen etwas an, aber seltsamerweise wurden diese Dinge nicht in der Öffentlichkeit diskutiert oder besprochen.

Schon seit längerer Zeit konnte Jimmy beobachten, dass gerade diese wiederkehrenden Muster auch in den Lebensabläufen seiner Freunde auftauchten, und bei einer alten Freundin konnte er erkennen, dass es einen Zusammenhang zwischen ihrer Überzeugung und ihren Erlebnissen gab.

festsitzende Energien in alten Überzeugungen

Es war so offensichtlich, aber leider erkannte sie dieses Dilemma nicht. Sie war zu sehr mit ihren Problemen beschäftigt, als dass sie den Grund dafür sah.

Genauso muss es auch mit mir sein, dachte Jimmy. Meine alten Überzeugungen behindern mich und bringen mir immer wieder die gleichen Ereignisse in mein Leben. Ich muss sie loswerden, damit sie mich nicht mehr stören. Neue und bessere Überzeugungen müssen sich in mir festigen.

Er musste die Energie freisetzen, die in diesen alten Mustern festsaß. Doch wie sollte es geschehen? Als nun Jimmy am Abend vor dem Fernseher saß und einen Bericht über die Sprengung eines Gebäudes sah, wusste es Jimmy plötzlich. Er musste einfach seine alten Überzeugungen wegsprengen, und schon bekommt er seine alte Energie zurück.

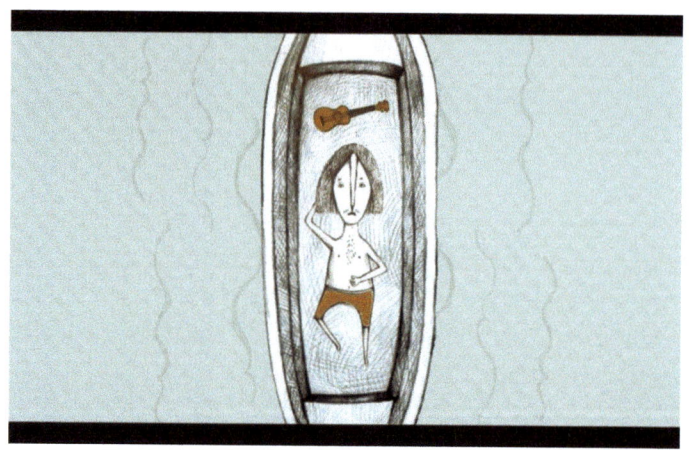

ICH WEISS

..., dass, wenn ich meine Energie gezielt einsetze, all das erleben kann, was ich wirklich will.

ICH WEISS

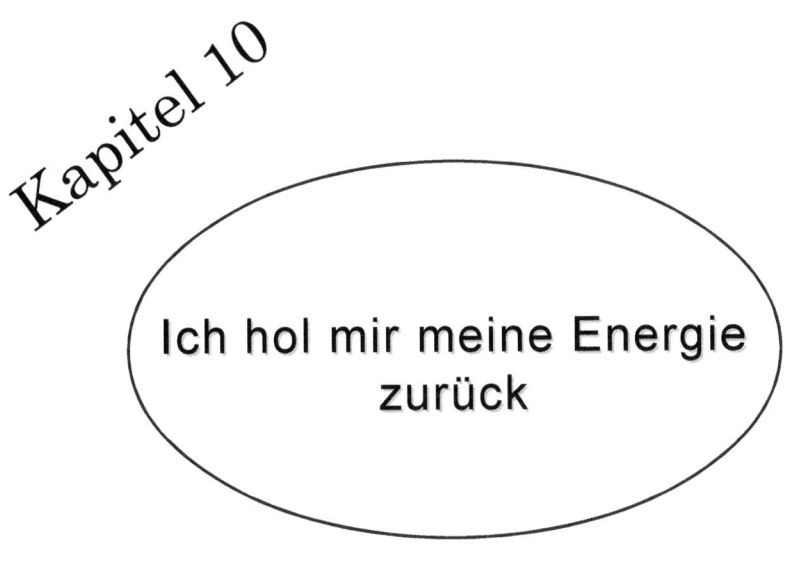

Kapitel 10

Ich hol mir meine Energie zurück

Wenn ich mir mein altes Denkgebäude und meine alten Überzeugungen anschaue, dann erkenne ich, dass viel Energie dort drin steckt, weil ich mich immer wieder damit beschäftige oder gar identifiziere. Meist passiert es unbewusst, weil diese starken und alten Überzeugungen so tief in mir drinstecken. Dann meine ich, dass sie zu meinem Charakter gehören.

Später wurde mir bewusst, dass alle meine alten Überzeugungen nur Illusionen sind, die mir irgendjemand beigebracht hat. Diese können aufgelöst werden. Es kann sehr schnell gehen, so rasant, als ob ich ein Gebäude sprenge. Manchmal dauert es lange, bis eine Überzeugung aufgebaut ist. Beispielhaft so lange, als wenn man ein Haus baut.

Wenn man nun das Haus sprengen will, dann braucht es etwas Vorbereitungszeit, und mit einem Knopfdruck ist die Energie freigesetzt, die das Haus zusammenhält. Ebenso verhält es sich mit den Überzeugungen. Mit ein wenig Vorbereitungszeit werden die alten Überzeugungen gesprengt und die Energie, die diese Überzeugungen am Leben halten, wird freigetzt.

Je mehr Energie ich mir zurückhole, desto mehr Energie steht mir für das Neue zur Verfügung.

Ich kann nicht vor meinem eigenen Schatten bzw. vor meinen alten Überzeugungen davonlaufen, die mir die Vorlagen (Szenen in meinem Film) in meine Außenwelt stellen. Wenn ich weglaufe, dann wiederholt sich das Muster wieder und wieder mit anderen Personen und Orten. Ich muss mir einzig die Energie aus den alten Überzeugungen zurückholen.

Ich muss erkennen, dass meine alten Überzeugungen nicht der Wahrheit entsprechen und Illusionen sind, die aufgelöst werden können.

Alle meine Anschauungen, Zweifel und Überzeugungen habe ich mit Energie genährt.

Um meine Energie zurückzuholen, die in alten Mustern festsitzt, muss ich die alten Überzeugungsgebäude zum Einstürzen bringen. Dies geht schnell, wenn ich genau dort die Sprengladungen ansetze, wo die meiste Energie festsitzt.

Jimmy wusste, dass in jeder Tat, in jedem Denken, Fühlen, Analysieren und Beobachten seine Energie drinsteckte. Auch die Probleme, die er hatte wurden einzig dadurch festgehalten und mit Leben genährt, weil er ständig daran dachte und sich mit ihnen beschäftigte.

Früher dachte er, dass alle Ereignisse und Geschehnisse aus einem übergeordneten Plan entstanden sind, die unumkehrlich wirken mussten. Heute aber ist er erwacht und er sieht die Welt mit neuen Augen. Denn es ist seine eigene Welt, die er tagtäglich erfährt. Also musste er sein Augenmerk auf neue Ziele richten und die alten Überzeugungen mussten vernichtet werden, denn sie waren nicht wahr und behinderten ihn tagtäglich.

Wenn er nun die alten Überzeugungen verdrängte, dann konnten diese irgendwann wiederkommen. Zerstörte er diese jedoch, dann würden sie ihm nie mehr in die Quere kommen.

Zurück-kehrende Energien erweitern das Lebensglück

Er musste diese alten Überzeugungen so zerstören, dass die gesamte Energie, die diese festhielten und zu einer Realität werden ließ, sich in Luft auflöst. Dieses Prozedere konnte nur dann funktionen, wenn er es schaffte, sein altes Überzeugungsfeld zum Kollabrieren zu bringen.

Dies konnte Jimmy schaffen, wenn er im gleichen Moment die Gefühle seiner negativen Probleme in sich aufnimmt und zur selben Zeit die Emotionen seiner neuen Überzeugungen.

Da es nämlich keine zwei Gefühlsregungen zur selben Zeit geben darf, kollabiert das Feld im Quantenraum und setzt die Energie frei.

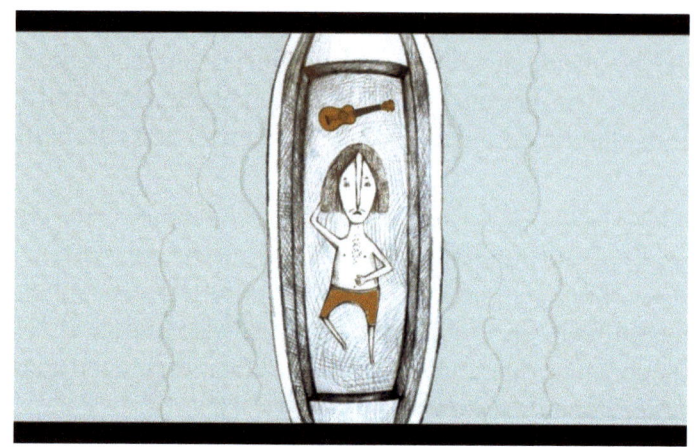

ICH CH WEISS   **ICH CH WEISS**

..., dass wenn ich mir meine Energie aus den alten Mustern zurückhole, neues Potenzial zum Erschaffen neuer Realität freisetze.

Kapitel 11

Spielen, wie es mir gefällt

Schon einige Male hatte ich das Vergnügen mitzuerleben, wie sich meine Überzeugungen erfüllten, obwohl alles dagegen sprach. Durch ungewöhnliche Begebenheiten, die mir wundersam erschienen, kam ich dann zum Ziel. In diesen Momenten hatte ich das blinde Vertrauen in mir, ohne einen Funken Zweifel.

Es geht nicht ums Geld oder ums Gewinnen, sondern einfach nur darum, das zu machen, was ich wirklich von ganzem Herzen möchte, ohne über das WIE oder WANN nachzudenken. Ich mache es einfach. JETZT in diesem Augenblick, ohne lange zu warten, ohne irgendeinen Zweifel. Alles was ich dazu brauche ist meine innere Überzeugung, es zu machen.

Dies ist die wirkliche Freiheit, die in uns allen steckt. Ich vertraue blind meiner inneren Stimme oder meinem höheren Selbst und muss mich um nichts sorgen. Alles, was ich begehre, kommt automatisch zu mir. Die Wege dazu sind manchmal wunderlich und mit dem reinen Menschenverstand nicht nachvollziehbar. Aber dies ist mein natürlicher Zustand. Es ist das absolute Vertrauen zu meinen eigenen Fähigkeiten, das es mir ermöglicht, die Freiheit zu leben.

> Bin ich frei von meinen einschränkenden Mustern, dann kann ich spielen, wie ich will. Dann erschaffe ich mir mein Leben bewusst.

- Mein Ziel ist, so frei zu werden, dass ich mir meine neuen Überzeugungen bewusst wähle und die ganze Energie aus den einschränkenden Überzeugungen freisetze.

- In meiner neuen Freiheit bin ich wieder der Herr meiner Umwelt. Ich bin der Chef in meinem Leben. Niemand kann mir sagen, was ich machen muss. Jeder ist für mich da und fördert meine Weiterentwicklung. Einzig ich bin der Hauptdarsteller in meinem Film.

- Als Baby war ich frei. Einen ähnlichen Zustand strebe ich an.

- Denke nach, die meiste Zeit in meinem Leben befinde ich mich in meiner Innenwelt. Wenn ich mich in meiner Innenwelt frei mache von allen alten Überzeugungen, Widerständen und Zweifeln, dann bin ich frei und kann so leben wie ich es von ganzem Herzen will.

- Die Vergangenheit und die Zukunft sind nicht greifbar und somit nicht real. Mein Leben besteht aus Gegenwartsmomenten. Die Erlebnisse dieser Momente kreiere ich aus meinen Vorlagen, die aus meinen Überzeugungen entstanden sind.

Jimmy war sich bewusst, dass sein Leben nie mehr wieder wie früher sein würde. Fast jeden Tag machte er seine Übungen, und bereits nach einigen Wochen erschienen recht seltsame Erlebnisse in sein Leben. Seine Angst wurde weniger, und er begann jetzt die Dinge zu beobachten, die in sein Leben kamen.

Manchmal kam ihm alles komisch vor, er fühlte sich beobachtet und es geschahen Dinge, die nicht arrangiert werden konnten. Jeden Tag lernte er neue Seltsamkeiten kennen, und irgendwann wunderte er sich überhaupt nicht mehr. Jimmy merkte, dass er von Tag zu Tag weniger Zweifel in sich entwickelte. Auch die inneren Widerstände, gegenüber neuen Ideen, nahmen mit der Zeit ab. Hin und wieder ertappte er sich noch dabei, etwas zu zweifeln. Dann machte er seine Übungen, und nach einiger Zeit

So frei, als ob ich mir einen Film anschaue

waren diese Trübungen verschwunden.

Eines Abends, es war schon kurz vor Mitternacht, Jimmy wollte gerade nach Hause fahren, da passierte etwas für ihn Ungewöhnliches. Er fuhr gerade auf der Autobahn und hörte etwas Musik. Plötzlich ging sein Radio aus und er hörte eine Stimme, die zu ihm sprach. Er hörte sie nicht im Radio, sondern irgendwie in sich. Er hörte die Worte: „Du kannst alles erreichen was du willst, wenn du dir selbst vertraust."

Es dauerte noch ungefähr sechs Monate, bis Jimmy völlig frei von seinen Zweifeln und Widerständen war. Dann aber fing er an, so zu leben, wie er wollte.

ICH WEISS

..., dass wenn ich völlig frei von meinen einschränkenden Mustern bin, meine Umwelt bewusst erschaffen kann. Dann lebe ich in völliger Harmonie und Freude und mache das, was mir Spass macht.

ICH WEISS

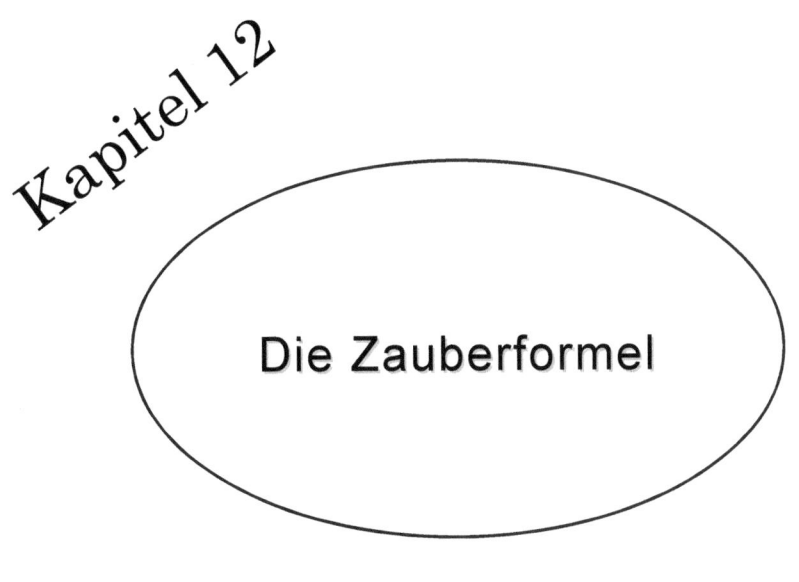

Kapitel 12

Die Zauberformel

Die „Zauberformel" für meine Probleme erfuhr ich eines Tages durch Zufall. Seit ungefär einer Woche musste ich eine sehr unangenehme Arbeit verrichten. Diese Tätigkeit schlug sehr auf meinem Gemüt. Ich dachte schon daran, einfach nach Hause zu gehen.

Am nächsten Tag, es war kurz vor der Mittagspause, da hatte ich ein für mich ungewönliches Erlebnis. Ich stand vor meinem Arbeitsplatz und schaute mir das an, was meine Aufgabe in dieser Firma war. Erst als Beobachter, gänzlich ohne Gefühle, und dann im nächsten Augenblick mit all meinen Emotionen der Ablehnung und des Nichtwollens.

Als ich so ungefähr drei Minuten dastand und so über diese Situation nachdachte, kam mir der Gedanke, dass ich viel mehr kann und für höhere Aufgaben geeignet bin. Als ich diese Erkenntnis erfuhr, da merkte ich, wie irgendeine Energie durch meinen Körper strömte. Ich fühlte mich sehr wohl und nach ungefähr einer Stunde war diese Situation in der Vergangenheit verschwunden. Die Ereignisse überschlugen sich, seltsame Zufälle begleiteten mich und nach zwei weiteren Wochen arbeitete ich in meinem Job.

Jedes Mal, wenn ich mich unwohl fühle oder wenn ich mit Problemen zu tun habe, absolviere ich meine Übung.

Meine Übung, die ich jeden morgen absolviere, ist einfach und ich kann sie an jedem Ort ausführen. Auch jederzeit, wenn ich mich unwohl fühle oder wenn ich mit einem Problem zu kämpfen habe, kann ich es überall absolvieren.

Wenn ich mal nicht viel Zeit habe oder nicht der richtige Ort zur Verfügung steht, dann erspare ich mir die Prozedur des anfänglichen Eintauchens in den Emotionen und gehe sofort zum Hauptteil über.

Zur Unterstützung hebe ich meine Arme und stelle mir vor, wie die Energie zu mir zurückfließt.

Das wirkliche Empfinden der Probleme, die nicht wirklich real sind und die nachfolgende Erkenntnis, wer ich wirklich bin, ist der Schlüssel für meinen Erfolg.

Nach einigen Tagen verändert sich meine Welt. Seltsame Ereignisse werden mich begleiten und mich in meiner Arbeit unterstützen.

APIJU Methode   APIJU Methode

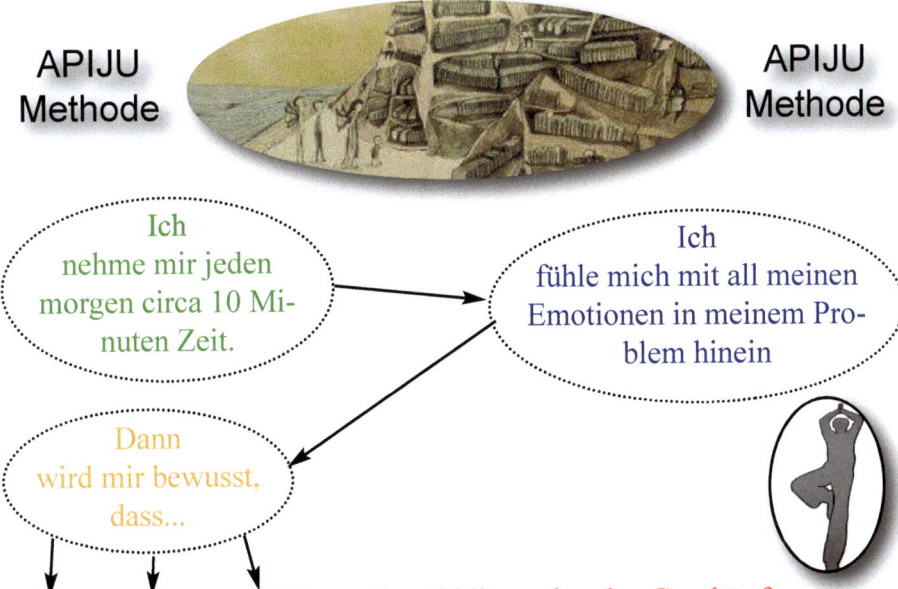

> Ich nehme mir jeden morgen circa 10 Minuten Zeit.

> Ich fühle mich mit all meinen Emotionen in meinem Problem hinein

> Dann wird mir bewusst, dass...

1. Ich bin ein unendliches und multidimensionales Geschöpf.
2. Mein Wissen ist unendlich und ich bin unendlich reich.
3. Ich bin mir bewusst, dass ich alles selber erschaffen habe.
4. Alles ist nicht real, es ist nicht vorhanden.
5. Es ist einzig eine Erfindung meines Bewusstseins.
6. Meine Angst und mein Zweifel sind nur eine Täuschung von mir selbst.
7. Ich verlange sofort meine Energie aus dieser Erfindung zurück.
8. Ich spüre und fühle, wie die Energie zu mir zurückkommt und durch mich hindurchfließt.

> Ich hebe meine Arme und spüre wirklich, wie die Energie zu mir zurückfliesst.

9. Ich spüre, wie ich wachse und wachse und zu dem werde, der ich wirklich bin.
10. Ich habe unendlich viel Energie und kann erfinden was ich will.
11. Ich bin die Nummer 1 in meinem Leben und bin dankbar für alles, was ich selbst erschaffen habe.

Ich fühle jetzt die gottähnliche Power, die wirklich in mir steckt.

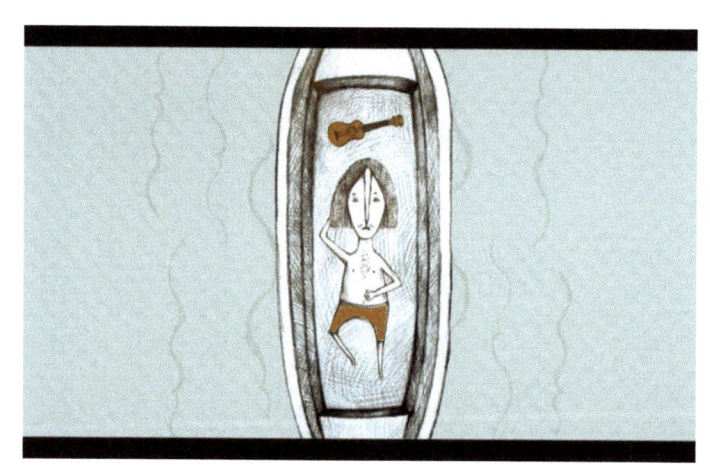

ICH WEISS

..., dass ich alles erreichen kann

..., dass ich mein Leben selbst kreiere

..., dass ich mein Leben beherrsche

..., dass ich nun nach meinen Regeln spiele

..., dass ich die Nummer 1 in meinem Leben bin

ICH WEISS

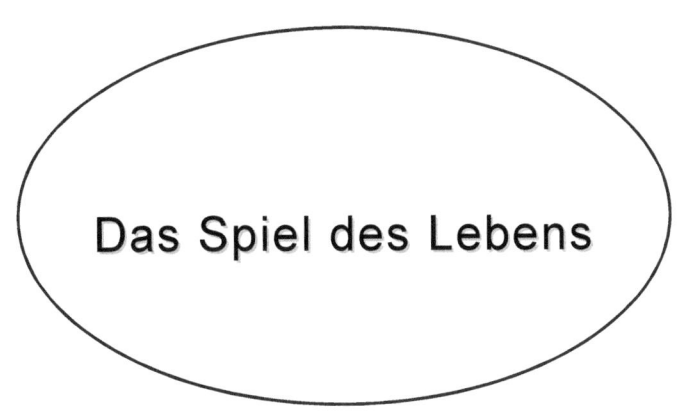

Das Spiel des Lebens

Schon oft hatte ich dieses Spiel gespielt. Dieses Spiel, wo es nicht ums Gewinnen oder ums Verlieren ging. Es ging einfach nur darum, Gefühle zu erleben. Dieses Spiel war so phänomenal, dass es nichts Vergleichbares gab. Es fühlte sich so echt an, wirklicher als jede Realität.

Ich hatte immer viele Mitspieler, denn dieses Spiel war der Hit. Nach Hunderten von Jahren der Abstinenz wollte ich wieder mitspielen. Ich sehnte mich nach diesem Spiel.

Doch zuerst musste ich die Vorarbeit leisten. Einige Dinge, die sehr wichtig waren, mussten erledigt werden. Alles musste so echt und wirklichkeitsgetreu wirken, so dass, wenn ich in diesem Spiel mitspiele, nichts von der Illusion des Spiels mitbekam.

Die wichtigsten Spieler, die zu Beginn meiner sogenannten „Existenz" da sein mussten, waren meine Eltern, denn meine Geburt sollte die Echtheit meines Lebens bezeugen. Also suchte ich mir die Eltern aus, die mir am Anfang meines Spiels nützlich sein konnten und die mir meinen Weg ebneten.

Die Route, die ich wählte, war nur eine ungefähre, denn wenn ich in einem bestimmten Alter meine wahre Bestimmung erfahre, dann erkenne ich den Sinn meines Spiels und programmiere mir meine Welt. Aber im Grunde genommen kreiere ich mir mein Spiel von Anfang bis zum Ende selber.

Da ich von Natur aus ein unendliches Wesen bin und mit allem Wissen der Welt behaftet bin, muss ich, bevor ich mich in dieses Spiel begebe, die Pforte des Vergessens durchschreiten. Aber wie alles in diesem Spiel ist auch dieses Vergessen nur scheinbar. Eine Illusion, die das Geschehen wirklichkeitsgetreuer macht.

Bevor ich also in dieses Spiel eintrete, arrangiere ich die vielen Mitspieler, die ich teils aus anderen Spielen kenne und die mir in meinem Wesen und meinen jeweiligen Spielsituationen gleichen. Ich erfinde nicht alles neu, sondern wandle das, was ich kenne, einfach etwas um.

In diesem Moment aber war ich noch grenzenlos, zeitlos, allwissend und unendlich, beziehungsweise wusste ich es noch. Denn auch in meinem Spiel war ich es noch. Allerdings gab es eine Methode, die mich klein machen konnte, denn es machte mehr Spass zu spielen, wenn ich von nichts wusste. Ich wollte meine Aufgaben als ein kleines unbedarftes Wesen lösen.

In diesem Spiel ging es nicht ums Verlieren oder Gewinnen, sondern einfach nur darum, jedes Gefühl in all seinen Variationen zu erleben. Und ein richtiges Gefühl kann ein Bewusstsein nur dann richtig erleben, wenn ich diese Reise ohne ein Wissen an frühere Emotionen habe. Denn in Wirklichkeit bin ich ein unendliches Bewusstsein mit allem Wissen der Welt.

Da ich nach wie vor in vielen Dimensionen gleichzeitig zu Hause war und sich auch in meinem Spiel nichts daran änderte, musste ich scheinbar alles vergessen. Dieses Vergessen arrangierte ich durch das illusionarische Eintauchen in Raum und Zeit. Dies geschah durch ein recht ausgeklügeltes System, das vergleichbar mit Schöpferkraft plus Hypnose war. Aber auch

Raum und Zeit, nebst meinem Spiel und all meinen Mitspielern und alle Ereignisse und alles drumherum waren nur Kreationen in eine Art Holodeck. Alles war nicht echt. Es war halt nur eine wunderbare Simulation, ein Spiel eigens für mich und durch mich ausgerichtet.

Irgendwann tauchte ich in dieses Spiel ein. Mit mir kamen tausende Bewusstseine und jedes Bewusstsein kreierte seine eigene Welt. Jede Welt eines jeden Individuums war so einzigartig und nur durch den Besitzer

zu verstehen. Auch wenn es scheinbar so aussah, als ob die Aussenwelt für jeden gleich aussah, so war sie doch für jeden Einzelnen anders.

Ich erschien als ein winziges Baby. Die Erinnerung an vorher schien wie ausgelöscht und alles was ich sah, schien mir fremd, jedoch konnte ich so klar denken, als ob ich schon ewig meiner Selbst bewusst war.

Mein Spiel konnte nun beginnen. Da ich mich ja scheinbar an nichts mehr erinnern konnte, war es mir auch fremd, wer ich war und warum ich in diese Welt katapuliert wurde. Ich wusste nicht, dass es nur mein ureigenstes Spiel war, das ich selbst erfunden hatte, um die Welt der Gefühle zu erfahren.

Als Baby fehlte es mir an nichts. Am Anfang lebte ich in drei verschiedenen Welten, die nach meiner Meinung ineinander verflochten waren. Die Traumwelt und die Welt wo ich herkam, erschienen fast identisch und auch die reale Welt vermischte sich noch stark mit meiner Phantasie.

Je älter ich wurde, desto realer schien mir die Welt. Die andere Ebene nahm ich überhaupt nicht mehr wahr, und die Traumwelt gehörte dann einfach noch dazu.

Bis zu meinem fünfzehnen Lebensjahr erlebte ich viele Gefühle. Die ersten Emotionen erfuhr ich als ich ein Baby war. Unwohlsein, Hunger, Harmonie und Freude bestimmten damals mein Leben. Später kämpfte ich mit der Angst, erlebte die erste Liebe und auch die ersten Enttäuschungen. Mit jedem Jahr meiner Existenz wurde die Realität fester und ich dachte, alles wäre echt und wahr.

Mittlerweile war ich ein Mann. Mein Studium hatte ich absolviert und ich hegte den Gedanken, eine Familie zu gründen. Ich hatte keine Zeit, mir Gedanken über die Wahrheit der Realität zu machen, und so nahm ich es als bare Münze hin, wenn die tagtäglichen Probleme überhand nahmen oder wenn glückliche Momente in mein Leben traten. Ich dachte, es wäre der berüchtigte Zufall, der mich mit Gut oder Böse beschenkte.

So verging die erste Hälfte meiner Existenz, und irgendwann stellte ich mir die Frage, wer ich überhaupt bin. Mein Leben wurde ruhiger und so hatte ich die Zeit zu forschen. Ich begann mein Leben zu beobachten und fand einige Dinge heraus, die sonst niemand bemerkte.

Ich erkannte, dass niemand mehr wusste als ich. So seltsam es auch erscheinen mag, je mehr ich mich mit dieser Sache beschäftigte, desto sicherer wurde ich. Bald fand ich heraus, dass nur die Dinge in mein Leben traten, die wichtig für mich waren. Dachte oder grübelte ich über Probleme nach, dann erschienen sie vermehrt. Ignorierte ich jedoch manche Begebenheiten, dann verschwanden diese oder gerieten in Vergessenheit. Auch wenn ich mich für etwas Neues zu interessieren begann, dann sah ich plötzlich an jeder Ecke mein neues Hobby.

Konnte es sein, dass mein Leben von mir produziert wurde? Was war dann die Welt? Überall sah ich die Muster, sei es in den Ereignissen, die mich heimsuchten oder die ich bei anderen Menschen sah oder aber auch in

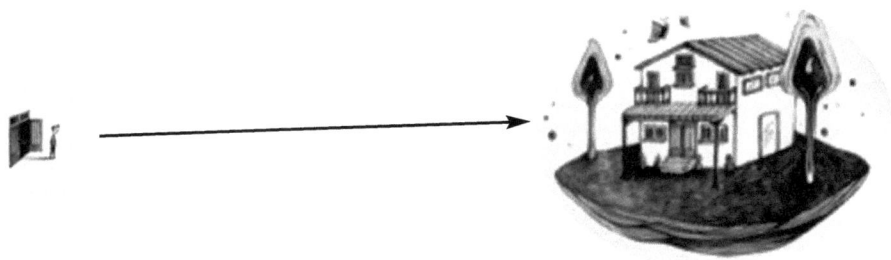

den Personen, denen ich begegnete. Es war so, als ob ich in einem riesengroßen Hologramm feststeckte.

Obwohl ich diese Dinge sah, ging mein Leben weiter. Ich erlebte weitere Gefühle und manche davon waren mir fremd. Manchmal glich mein Leben einer Achterbahnfahrt. Ich reiste zu entfernten Regionen und sah andere Kulturen und Menschen. Dann lebte ich einige Zeit in der trostlosen Wüste der Einsamkeit. Mal fühlte ich ich mich reich und lebte wie ein König und bald darauf musste ich um jeden Cent feilschen.

Obwohl die Barriere des Vergessens sich auch auf mich gelegt hatte, wusste ich viele Dinge. Ich lernte die Kraft der Überzeugung kennen, die mir in manchen Situationen weiterhalf. Es war mein Joker in diesem Spiel. Ja, jetzt verstand ich es. Es ging eigentlich nur um mich in dieser Existens, und wenn man dies erst einmal verstanden hatte, sah man auch den Sinn des Erlebens.

Eines Tages, ich war mittlerweile schon sehr hoch betagt, wurde ich plötzlich von einer Schwäche heimgesucht, die von Tag zu Tag schlimmer wurde. Ich ließ es geschehen und wartete auf die Dinge, die später geschehen sollten.

Ich brauchte nicht lange, und plötzlich sah ich mich neben meinem toten Körper stehen. Plötzlich konnte ich hinter die Dinge schauen. Der Schleier der Vergessens schien aufgehoben und ich wusste wieder wer ich wirklich war. „Gute Reise", sagte ich zu mir und ging ins lichte Portal, um das Spiel hinter mich zu lassen.

Die Rückschau auf die erlebten Gefühle war phänomenal. Jetzt, da ich wieder hundertprozentig hergestellt war und keine Barriere mehr meine Unendlichkeit in Frage stellte, erlebte ich die gesamten Gefühle nochmal. Aber so, als ob ich mir einen Film anschaue, halt mit mir als Hauptdarsteller.

Das Spiel war zu Ende. Ich hatte mein Ziel erreicht und ich freute mich schon auf ein neues. Irgendwann, wenn ich wieder Lust hatte zu spielen.

GAME OVER

Weitere Erläuterungen
zum besseren Verständnis

Mit einer starken Überzeugung zum Ziel

Ziel:
Eine Reise in die Karibik.

Wann:
In 8 Monaten

Ausgangssituation:
Geld ist keins da und auch in den nächsten Monaten ist kein Geldzuwachs zu erwarten..

Meine Überzeugung hinsichtlich meines Ziels beträgt **100 %**.

Unterstützende Maßnahmen

Ich erzähle jeden von meiner Reise.

Ich packe schon meinen Koffer.

Wenn Zweifel aufkommen, oder wenn die Dinge scheinbar nicht so laufen, wie sie sollen, dann halte an dein Ziel fest und versuche an etwas Schönes zu denken oder schicke dein Gefühl zu einem anderen Thema.

Ich kaufe Dinge für die Reise und packe sie in den Koffer.

Mein **Ziel** wird erreicht werden.

Meine Innenwelt

Alles Wissen der Welt befindet sich in mir, obwohl es den Anschein hat, dass ich begrenzt wäre. Allerdings bin ich ein unbegrenztes Wesen mit sehr viel Macht.

Gedanken
+
Gefühle
+
körperliche Empfindungen

Meine Innenwelt ist unheimlich groß und kreativ.

Ich fühle mich getrennt von allem, so als ob ich in Wirklichkeit alleine lebe.

Die meiste Zeit arbeite ich in meiner Innenwelt, und meine Innenwelt ist immer bei mir. Niemals bin ich getrennt von ihr. Das, was mich ausmacht, ist das, wie ich mit meiner Innenwelt umgehe.

Meine Außenwelt

Meine Außenwelt erscheint mir so, als ob sie schon immer existierte, aber mein Universum bzw. meine Außenwelt fängt erst an zu existieren, sobald ich geboren werde.

Alle Dinge, die mir in meiner Außenwelt erscheinen, habe ich selbst erfunden. Ob es nun Orte, Personen, Ereignisse oder auch Probleme sind.

In meiner Außenwelt habe nur ich das Sagen. Ich bin die **Nummer 1** in meiner Außenwelt.

Meine momentane Außenwelt existiert nur, weil ich sie beobachte, an sie denke und fühle, mich an sie erinnere und weil ich davon überzeugt bin, dass sie so existiert, wie sie sich vor mir präsentiert.

Wenn ich nun meine Anschauungen in meiner Innenwelt verändere, dann verändere ich auch meine Außenwelt.

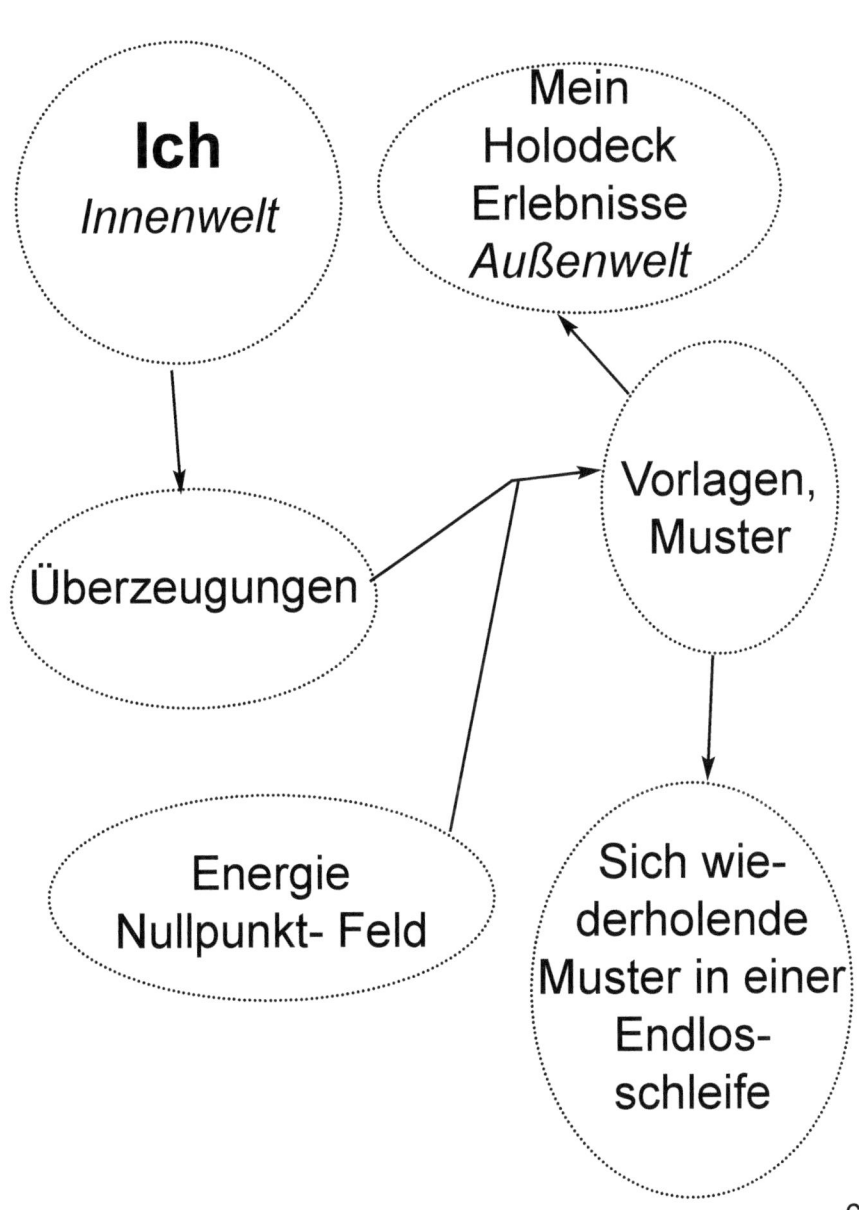

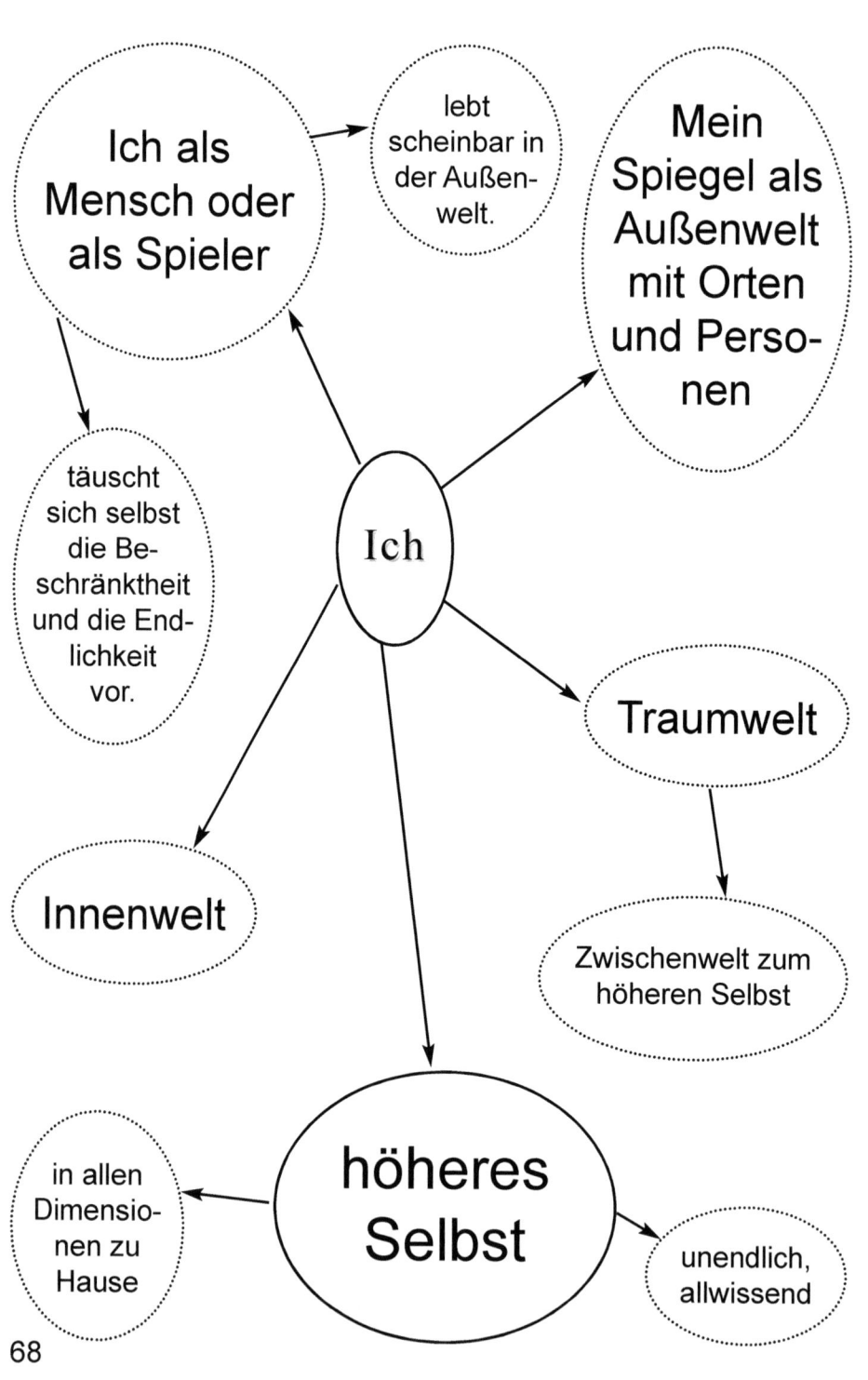

Meine Überzeugung

festsitzende Überzeugungen werden uns in unserer Jugend anerlernt. Sie wirken meist das ganze Leben, solange bis sie aufgelöst werden.

spontane Überzeugungen entstehen aus der Situation heraus und wirken meist nur solange, wie sie gebraucht werden.

In meiner festen Überzeugung gibt es kein ABER oder wenn ich dies oder jenes mache, dann...

In meiner stabilen Überzeugung weiß ich, dass es so ist und kein Zweifel behindert mein Ziel.

Überzeugungen wirken immer auf die Materie ein. Durch seine starke Überzeugung konnte Jesus über das Wasser laufen und andere „Wunder" vollbringen.

Eine Überzeugung ist ein Konstrukt aus verinnerlichtem Wissen, wiederkehrenden gehörten Aussagen und erlebten Geschehnissen.

Die Wirklichkeit ist gegensätzlich

Alte These	Neue These
Gott hat die Welt erschaffen.	Ich selbst erschaffe mir meine eigene Wirklichkeit.
Die Welt existierte schon vor meiner Geburt.	Die Welt, meine Welt, fängt erst an zu existieren, wenn ich geboren werde.
Die materielle Welt ist außerhalb von mir.	Die materielle Welt befindet sich in mir.
Andere Menschen oder Institutionen haben Macht über mich.	Niemand hat Macht über mich.
Ein Ereignis oder ein Ziel entsteht und wächst, bis es da ist.	Sobald an ein Ziel gedacht wird, ist es da.

Beispiele für Überzeugungen (1)

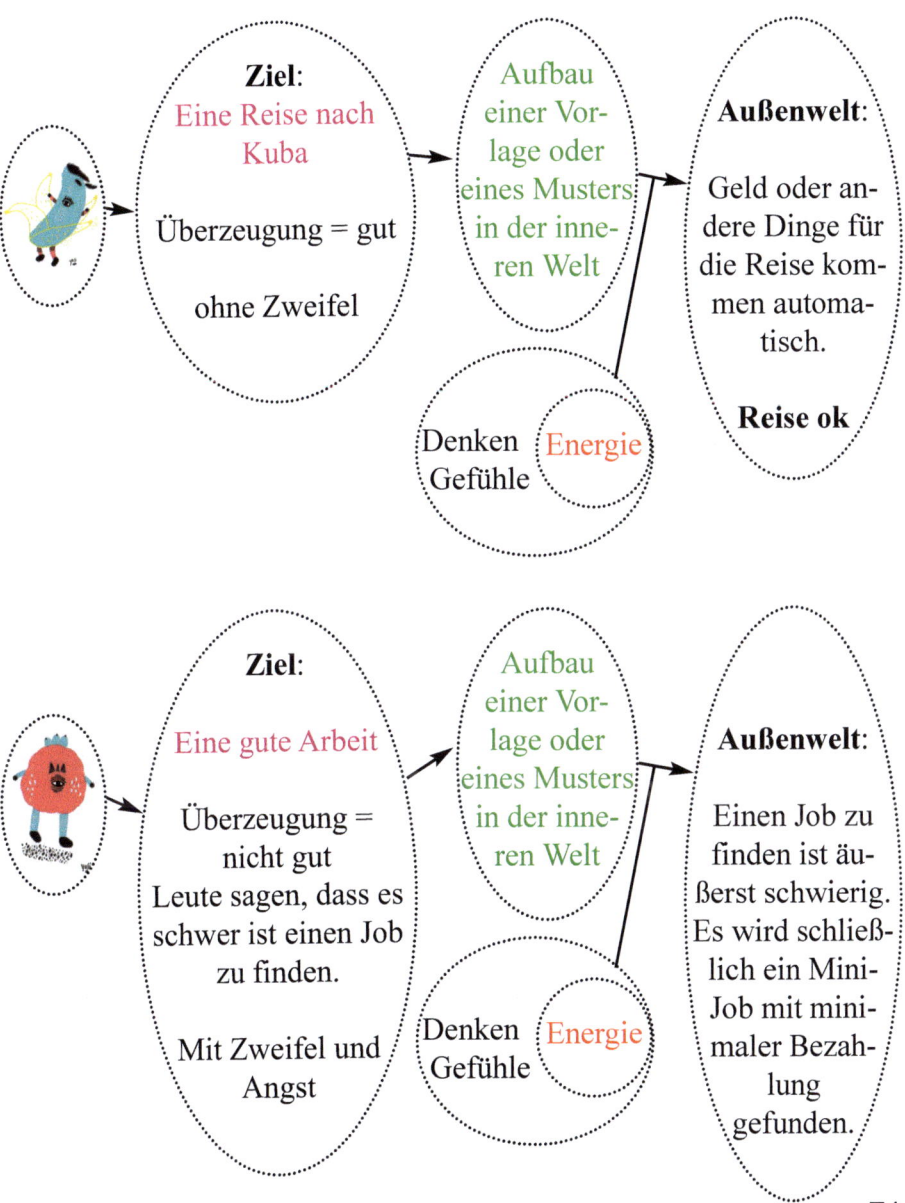

Beispiele für Überzeugungen (2)

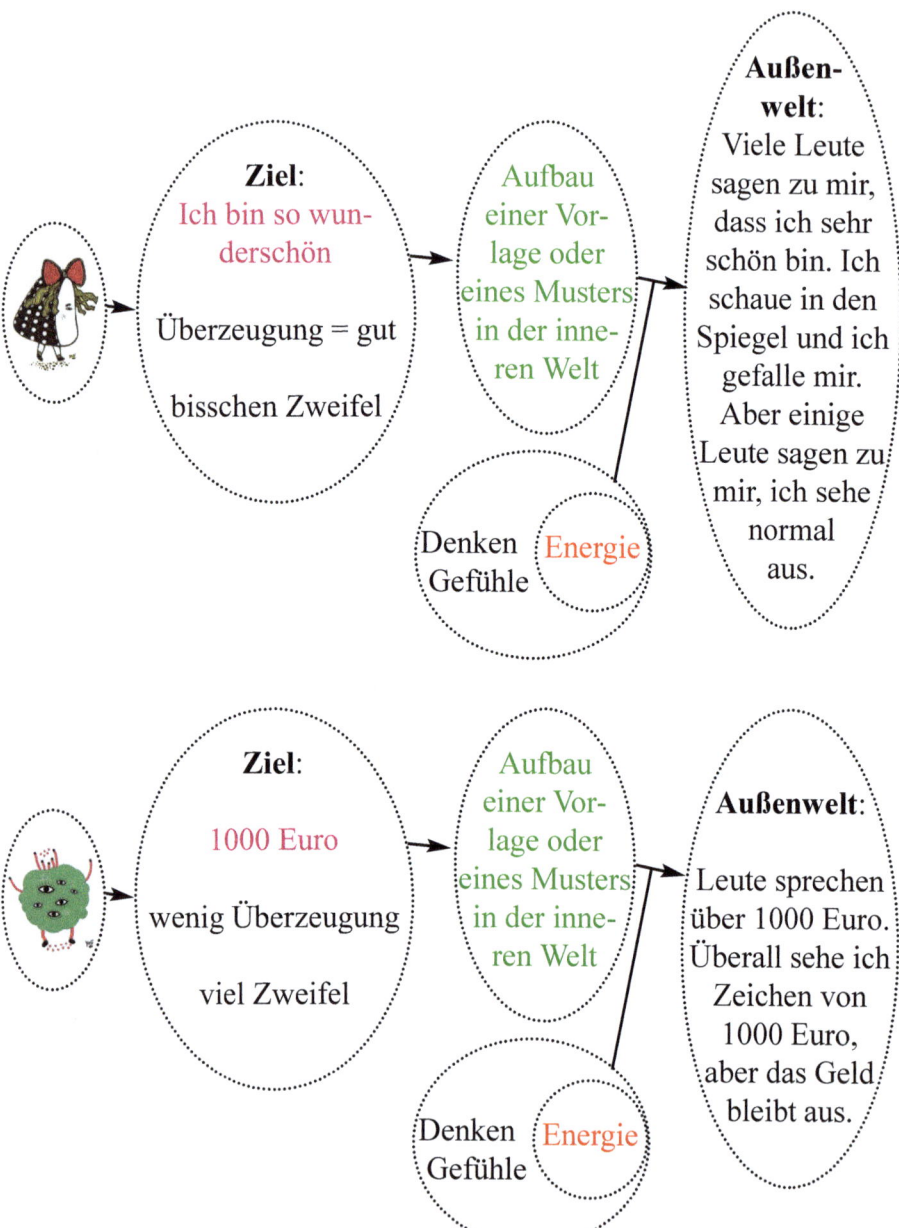

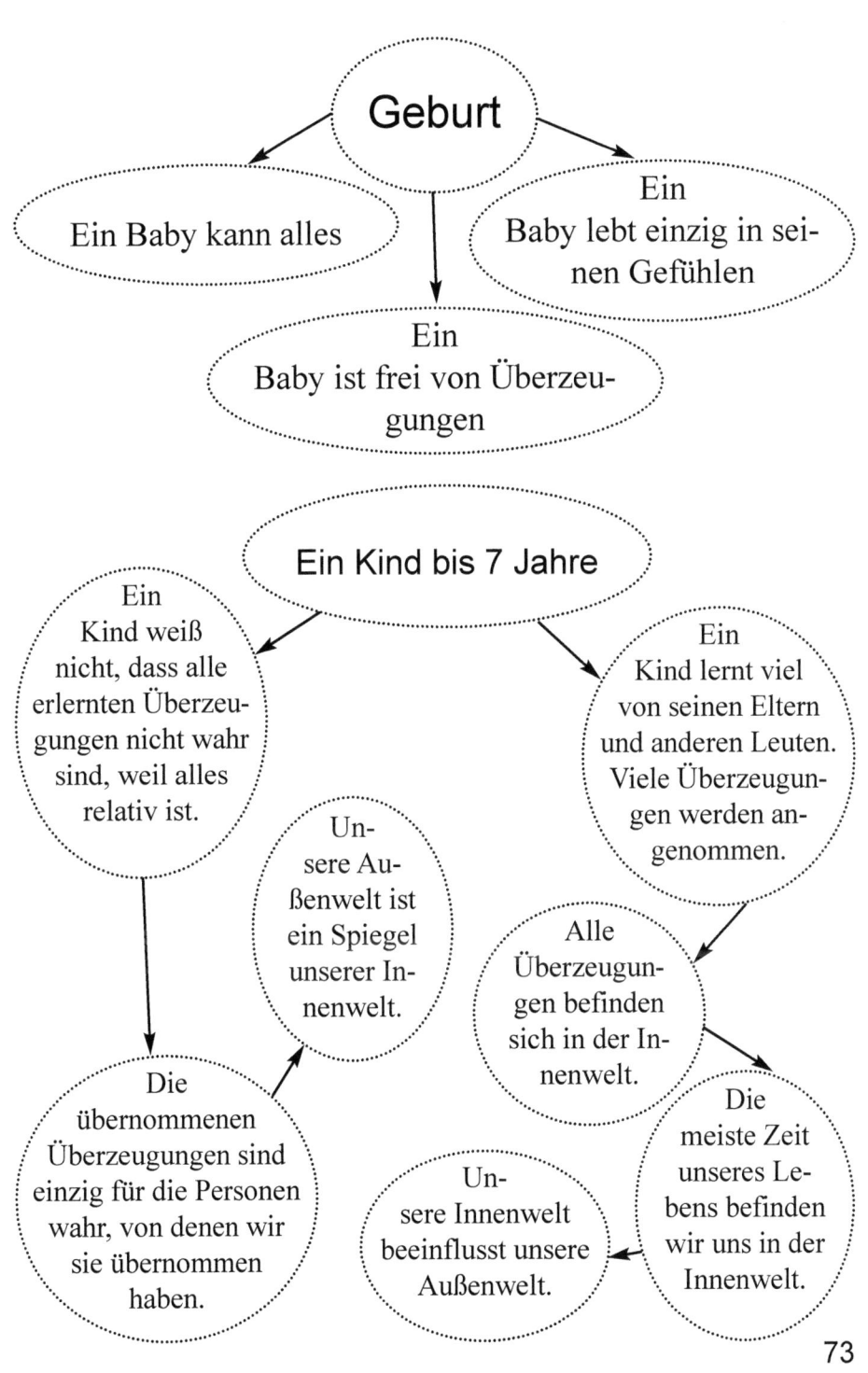

Geschichten, Märchen oder Filme zu den Themen in diesem Buch

	Märchen	Des Kaisers neue Kleider
2015	Film	Alles steht Kopf
1989	Film	Das Feld der Träume
1999	Film	Sofies Welt
2002	Film	The 13 th Floor
2002	Film	The Game
2013	Serie	Eureka (Folge: Die Wahrheit)
1998	Film	Die Truman Show
1999	Film	Matrix
2012	Film	Reality XL

2015	Lied	Deichkind/ Denken Sie groß

Beispiel für eine *APIJU* Übung

Problem: Jedes Problem hat seinen Namen und seine Energiefrequenz.

Fühle dich in dein Problem hinein. Erfahre die gesamte Emotion, die in diesen Sorgen stecken. Fühle mit all deinen Sinnen.

Wenn du die Energie deiner Problememotionen am stärksten fühlst, dann halte kurz inne und erinnere dich, wer du wirklich bist, nämlich.....

.....dass du ein unendliches Wesen bist, das alles Wissen der Welt in sich trägt. Fühle die Power, die in dir steckt und sage:

„Ich bin mir bewusst, dass ich alles selber erschaffen habe. Alles ist eine Illusion meines Bewusstseins. Meine Angst und mein Zweifel sind nicht echt. Ich verlange die Energie aus diesem Problem zurück und fühle die zurückkehrende Energie. Meine Kraft wird stärker und stärker."

Workshops im In- und Ausland

Ihr Coach in eine bessere Zukunft.

Kommen Sie mit auf ihre eigene Reise.
Lernen Sie zu verstehen.
Ihre Sichweise wird sich verändern.
und später wird ihr Leben komplett anders sein.

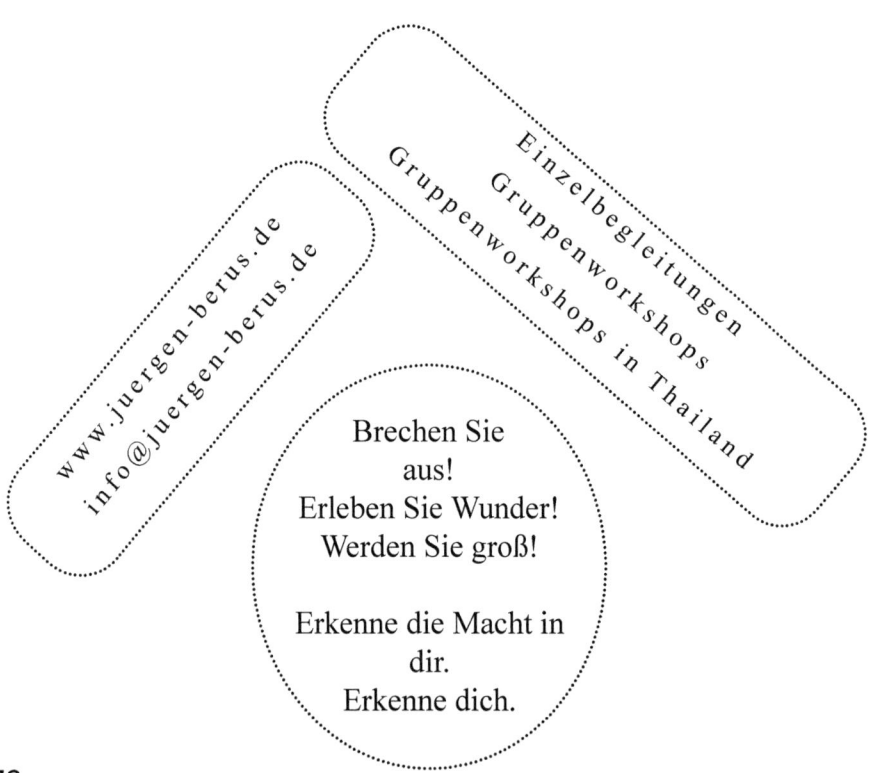

Einzelbegleitungen
Gruppenworkshops
Gruppenworkshops in Thailand

www.juergen-berus.de
info@juergen-berus.de

Brechen Sie aus!
Erleben Sie Wunder!
Werden Sie groß!

Erkenne die Macht in dir.
Erkenne dich.

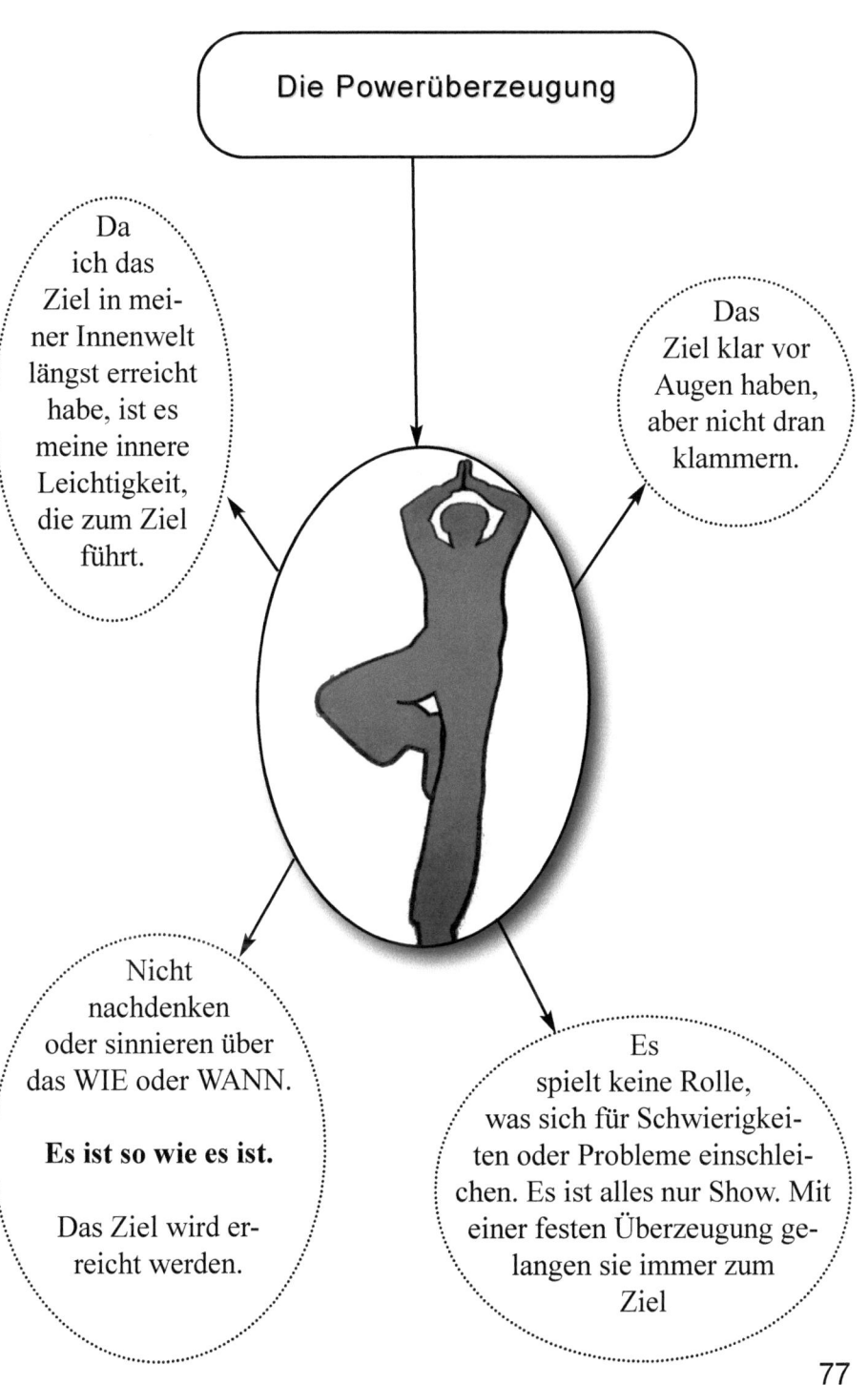

Weitere Bücher vom Autor

Cheiros Geheimnisse der Hand

Ihre Vergangenheit, Gegenwart und Zukunft
taschenbuch, 88 Seiten;
Verlag: Engelsdorfer Verlag (februar 2007)
Sprache: Deutsch
isbn-13: 978-3867032254
Preis: 8,20 Euro

Cheiros Charakteranalyse

Wann sind Sie geboren?
paperback, 116 Seiten;
Verlag: BoD norderstedt (09. 2008)
isbn-13: 978-3837063813
Preis: 9,95 Euro

Cheiro's Buch der Numerologie

Wie die Zahlen unser Leben bestimmen
Verlag: BoD norderstedt
isbn: 9783837050240
Seiten: 256 Seiten,
Erschienen: 04./05 2009
Preis: 17,80 €

Cheiros Buch der Handlesekunst

Verlag: BoD norderstedt
isbn: 9783839113585
format: paperback,
Seiten: 244 Seiten,
Erschienen: 09.2009
preis: 16,95 €

Cheiro's ungewöhnliche Karriere

Ein Seher, der niemals daneben lag
Taschenbuch: 258 Seiten
Verlag: Books on Demand;
Auflage: 1 (30. Juli 2010)
Sprache: Deutsch
isbn-13: 978-3839184479
Preis: 17,95

Cheiro's Handlesebuch über die Ehe

Beziehungen, Liebe und Ehe in der Hand
Taschenbuch: 117 Seiten
Verlag: Books on Demand;
Auflage: 1 (August 2011)
Sprache: Deutsch
isbn-13: 978-3842370715
Preis: 9,95

Manifestation aus dem Nichts

Wie Wünsche Wirklichkeit werden oder wie das Geld zu ihnen kommt
Gebundene ausgabe, 228 Seiten
Verlag: Vier jahreszeitenhaus;
Auflage: 2 (20. November 2010)
Sprache: Deutsch
isbn-13: 978-3938986165
Preis: 12,50 Euro

Was Du Dir wünschst, dass bekommst Du auch

Wie die ultimativen Gesetze unser Leben steuern
Verlag: BoD norderstedt
isbn: 9783837045765
paperback, 116 Seiten,
Erschienen: 11. 2008
Preis: € 9,95

Gestorben wird immer, gelebt aber, in bizarren Dimensionen

Skurille Kurzgeschichten über den Tod und das Leben
Verlag: Bod norderstedt
auflage: 1 (1. oktober 2007)
iSBn-13: 978-3837008623
Preis: 12,48 Euro

MIX
Papier aus verantwortungsvollen Quellen
Paper from responsible sources
FSC® C105338